Planeación a largo plazo

Planeación a largo plazo
Creando su propia estratégica

George L. Morrisey

TRADUCCIÓN:
Ing. Sergio Samuel Cornejo Reyes
Traductor Profesional

REVISIÓN TÉCNICA:
Ing. Jorge Rodríguez Rodríguez
Facultad de Ingeniería
Universidad Nacional Autónoma de México

PRENTICE HALL HISPANOAMERICANA, S.A.

MEXICO - NUEVA YORK - BOGOTA - LONDRES - SYDNEY
PARIS - MUNICH - TORONTO - NUEVA DELHI - TOKIO - SINGAPUR
RIO DE JANEIRO - ZURICH

EDICION EN ESPAÑOL
PRESIDENTE DE LA DIVISIÓN
LATINOAMERICANA DE SIMON & SCHUSTER   RAYMUNDO CRUZADO GONZALEZ
DIRECTOR GENERAL   MOISES PEREZ ZAVALA
GERENTE DIVISION COMPUTACION Y NEGOCIOS   FRANCISCO J. DELGADO RODRIGUEZ
GERENTE EDITORIAL   MARICELA VILLAGOMEZ ESTRADA
EDITOR DE DIVISION NEGOCIOS   CRISTINA TAPIA MONTES DE OCA
DIRECCION DE EDICIONES   ALBERTO SIERRA OCHOA
GERENTE DE EDICIONES   JUAN ANTONIO RODRIGUEZ MORENO
SUPERVISOR DE TRADUCCION   JOSE LOPEZ ANDRADE

PLANEACIÓN A LARGO PLAZO

Traducido el inglés de la obra: **Longe-range planning; creating your strategic journey**

IMPRESORA ROMA
TOMAS VAZQUEZ No. 152
COL. A. MODERNA C.P. 08220
MEXICO, D.F.

OCT

2000   1996

SERIE JOSSEY-BASS
SOBRE ADMINISTRACIÓN

PENSAMIENTO ESTRATÉGICO
Construyendo sus fundamentos de planeación

PLANEACIÓN A LARGO PLAZO
Creando su propia estrategia

PLANEACIÓN TÁCTICA
Produciendo resultados en corto plazo

Contenido

Introducción a la Serie

Mi experiencia de muchos años de trabajo en el proceso de planeación con una gran variedad de empresas me ha llevado a la conclusión de que hay tres fases por la que los administradores deben pasar en este proceso, cada una caracterizada por una visión diferente. La primera fase es el *pensamiento estratégico*, que se enfoca en los procesos más *intuitivos* del proceso que dan lugar al desarrollo de la misión de la empresa, su visión y su estrategia. Esta fase está diseñada para crear la *perspectiva* futura de la institución o empresa a la vez que establece las bases sobre las que se harán todas las decisiones de planeación.

La segunda fase es la *planeación a largo plazo*, que se refiere a una combinación del pensamiento intuitivo y el *analítico* que da lugar a las proyecciones de las *posiciones* futuras que desea lograr la empresa. Esta fase está diseñada para evaluar y activar la misión, visión y estrategia creadas durante la primera fase.

La tercera fase es la *planeación táctica,* que es principalmente un enfoque analítico con algunos matices intuitivos, dando lugar a acciones específicas que afectan el *rendimiento* de la institución o empresa. Esta fase está diseñada para producir los resultados a corto plazo que se requieren para llevar a cabo la misión de la empresa y alcanzar las posiciones futuras que fueron proyectadas.

He establecido esta serie en tres libros para reflejar cómo varios de mis clientes han decidido trabajar con el proceso de planeación. En su diseño, los libros son

- Breves, prácticos y secuenciales. Tienen una extensión que es cómoda para la mayoría de los administradores comparada con muchos de los libros más grandes y teóricos sobre el tema.

- De tamaño cómodo y apropiado para la lectura rápida durante los momentos de reposo (como en los vuelos por avión).

- Si bien están diseñados como una serie relacionada, cada libro vale por sí mismo como una guía para lograr un mejor trabajo en el aspecto de planeación al que se refiere cada libro en lo particular.

- Materiales útiles para seminarios y talleres sobre planeación; también pueden usarse como lecturas previas para facilitar los eventos sobre planeación y como libros de consulta continua para administradores y equipos de directivos mientras trabajan en el proceso de planeación.

El primer libro, *Pensamiento estratégico,* ayuda en el arranque de los equipos de planeación al determinar los principios y valores de la empresa, así como la dirección estratégica en la que debe moverse. Si bien este libro hace mayor énfasis en los papeles del director general y el equipo de la alta gerencia, proporciona una guía para todos los niveles de la institución o empresa que deben contribuir con el proceso de planeación estratégica.

El segundo libro, *Planeación a largo plazo,* proporciona las herramientas para establecer un enfoque de las posiciones que la empresa requiere alcanzar en áreas tales como mercados futuros, productos y servicios futuros, tecnología, desarrollo humano y previsiones financieras. Será útil para todos los directivos de la empresa que necesiten enfocarse en el futuro.

El tercer libro, *Planeación táctica,* les dará a todos los directivos (ejecutivos, de línea media, supervisores de primer nivel y otros participantes individuales) una metodología para obtener resultados notables a corto plazo con base en lo planeado y a lo específico. La característica breve de cada libro hace de esta serie un recurso que los directivos participantes pueden usar fácilmente en forma continua, así como para la preparación de la planeación formal. Aunque cambia el énfasis en cada aplicación particular, todos los directivos tienen el interés común de hacer que los procesos de planeación estratégica y táctica funcionen en sus áreas de responsabilidad. Los tres libros contienen ejemplos tomados de los departamentos individuales y de las unidades de trabajo, además de la perspectiva de la institución o empresa en su conjunto; algunos de los ejemplos provienen de empresas específicas con las que he trabajado, otros son adaptaciones de esfuerzos en organizaciones que no tienen identidad, pero todos los ejemplos son reales.

Como ocurre con otras herramientas, el resultado eficaz de estos libros depende del deseo y habilidades de la persona que los usa; no están diseñados como sustitución del buen criterio administrativo, lo que se pretende es mejorar dicho criterio a fin de ayudar a los directivos de una institución o empresa a lograr un trabajo de planeación más consistente y creativo para cubrir las necesidades presentes y futuras. ¡Que sea un buen viaje!

Reconocimientos

He tenido el privilegio de estar asociado con muchas de las mejores mentes administrativas de nuestros tiempos; ellos han tenido una gran influencia en mis trabajos, como apoyo y en muchos casos como colaboradores directos. Entre ellos están, por supuesto, mis dos coautores en las publicaciones Jossey-Bass (*La Guía del Ejecutivo para la Planeación Estratégica* y *La Guía del Ejecutivo para la Planeación de Operaciones*), Patrick Below y Betty Acomb, así como Bonnie Abney, Louis Allen, N. H. Atthreya, Joe Batten, Arthur Beck, Fred Clark, Donn Coffee, Tom Connellan, Peter Drucker, Marie Kane, Alec Mackenzie, Bob Mager, Dale McConkey, Henry Migliore, Howard Mold, George Odiorne, Gene Seyna, Brian Tracy, y Glenn Varney.

Estoy especialmente agradecido con muchos de los altos directivos dentro de las empresas en las que he servido como consultor, quienes me han dado la oportunidad de evaluar los conceptos y técnicas de planeación mientras me proporcionaban excelente retroalimentación que me ayudó enormemente a refinar el proceso. Me gustaría dar un reconocimiento particular a dos notables directores que me demostraron cómo este proceso puede funcionar eficazmente durante un largo tiempo en una amplia variedad de exposiciones de responsabilidad: Chris Ellefson de BHP Minerals International y Nelson Marchioli de Burger King.

He tenido la fortuna de estar asociado durante varios años con un grupo de conferencistas profesionales, capacitadores y consul-

tores, a los que nosotros, como miembros, nos referimos como nuestro grupo de mentores. Estos colegas me han animado, criticado y
auxiliado para asentar mis ideas y expresarlas apropiadamente
en mis publicaciones, así como en el servicio a mis clientes. Ellos
son Tom Callister, Lola Gillebaard, Jane Holcomb, Eileen McDargh,
Jack Mixner, y Karen Wilson.

Por último, pero no demasiado tarde, estaré eternamente agradecido por el apoyo continuo que recibo de mi socia, mi mejor ami-
ga y mi amada esposa de muchos años, Carol Morrisey.

G. M. L.

Merrit Island, Florida
Abril de 1995.

Prefacio

Algunas partes de este libro fueron adaptadas del libro que escribí en conjunto con Patrick J. Below y Betty L. Acomb en 1987, titulado *La Guía del Ejecutivo para la Planeación Estratégica.* Ese libro exploraba *el pensamiento estratégico y la planeación a largo plazo.* Sin embargo, como lo indico en la introducción de esta serie, mi experiencia desde aquel entonces como asesor en muchas empresas para el proceso de planeación me ha llevado a manejar el pensamiento estratégico y la planeación a largo plazo en dos libros por separado, debido a las diferencias en el desarrollo e implantación entre estos dos procesos de planeación. También he hecho varias modificaciones al proceso de planificación a largo plazo respecto a lo que mostrábamos en el primer libro. El libro presente refleja la forma en la que actualmente asisto a mis clientes para hacer que funcione la planeación a largo plazo.

El primer cambio substancial es la introducción del elemento de planeación *Areas Estratégicas Críticas (AEC);* ésta es una variación de las *Areas de Resultados Críticas* (ARC), que han sido elementos de los procesos de planeación táctica u operativa durante muchos años. Las AEC representan las principales categorías en las cuales debe enfocarse la atención para un futuro previsible; tienen un alcance más alto que las ARC y están diseñadas para ayudar a determinar dónde se quiere estar como institución o empresa más que los resultados específicos que pretenden lograrse.

Varios de mis clientes han encontrado útil identificar sus AEC *antes* de efectuar el proceso de *análisis de aspectos críticos*, debido a dos razones. Primero, algunos *Objetivos a Largo Plazo* (OLP) pueden determinarse directamente a partir de las AEC sin entrar a un análisis más profundo, debido a que están predeterminados por el plan de la institución o empresa o algún otro plan de mayor nivel, puesto que son una extensión de un plan previo, o bien son obvios en base a la estrategia establecida de la institución o empresa. La segunda razón es que las AEC son un vehículo útil para identificar y clasificar los aspectos críticos que requieren ser analizados.

El análisis de aspectos críticos es una derivación del *análisis estratégico*, el cual es un elemento del *pensamiento estratégico* que se expone en *La Guía del Ejecutivo para la Planeación Estrategia*. Debido a la naturaleza analítica del análisis estratégico, he encontrado que es útil como un paso inicial en el proceso de planeación a largo plazo, después de haberse determinado la misión, visión y estrategia. También he hecho un mayor uso de la Evaluación de FLOA (Fuerzas, Limitaciones, Oportunidades y Amenazas), así como del análisis de aspectos críticos como un proceso continuo para abordar los asuntos estratégicos.

Los *Planes Estratégicos de Acción* (PEA) son una variación de lo que se denominó en el primer libro programas integrados. El énfasis de los planes estratégicos de acción es identificar los principales eventos, fases o actividades que deben realizarse para lograr las posiciones futuras identificadas como objetivos a largo plazo. También he introducido el uso de los árboles de decisión como una forma de preparar los planes que pueden cambiar significativamente con el tiempo con base en la información que no está disponible o que se usa como suposición.

Por ultimo, he agregado un capítulo acerca de la revisión y modificación del plan estratégico, un proceso diseñado para cerrar el ciclo del pensamiento estratégico y la planeación a largo plazo.

¿Cómo puede usarse este libro?

Considero que el proceso de planeación a largo plazo descrito en este libro será útil para los directivos de todos los niveles que tienen la responsabilidad de trazar el futuro de sus organizaciones. Hay varias formas en las que puede usarse este libro, como son las siguientes:

- Una guía para los equipos de directivos que preparan sus planes a largo plazo, tanto a niveles de toda la institución o empresa como de su unidad.

- Una guía para los directivos individuales y equipos de directivos que trabajan continuamente en la planeación a largo plazo.

- Libro de texto para un taller interno sobre habilidades de planeación a largo plazo para los directivos. El libro está preparado en una forma lógica que se presta a separarlo en segmentos didácticos.

- Libro de texto para los programas de extensión universitaria o seminarios públicos sobre planeación estrategica. (Nota: el contenido y ejemplos están dirigidos principalmente a los participantes que deseen aplicarlos en sus propias áreas de trabajo, no al estudio de la teoría administrativa).

- Una fuente de referencia para consultores internos o externos dedicados a ayudar a las instituciones y directivos en sus labores de planeación.

- Una guía de estudio individual para el directivo.

Para el estudio por cuenta propia, recomiendo la siguiente secuencia:

1. Leer el prefacio y los capítulos uno, dos y ocho para una revisión general de la filosofía de la planeación y el proceso que se presenta.

2. Determinar cuál de las siguientes alternativas cubre mejor las necesidades particulares:

a. El aprendizaje selectivo de técnicas específicas para complementar el conocimiento actual

b. La concentración en el aprendizaje de los objetivos a largo plazo y los pasos para los planes estratégicos de acción a fin de usarlos en el trabajo individual o conjunto

c. La concentración en el aprendizaje del proceso de análisis de aspectos críticos como un proceso continuo para abordar las oportunidades, amenazas, fuerzas y limitaciones

d. El aprendizaje de aplicación del proceso completo al área de trabajo

3. Si se ha seleccionado 2(a) como la opción más apropiada, la recomendación es estudiar y practicar aquellos pasos que satisfagan sus necesidades.

4. Si parece más apropiado 2(b), los capítulos cinco y seis serán los más valiosos. Recomiendo que se identifique una posición futura importante que se pretenda alcanzar; posteriormente, siguiendo los lineamentos dados, definir los objetivos a largo plazo y los planes estratégicos de acción que se requieren para hacer realidad la posición. La concentración en solamente uno de los puntos dará oportunidad de aprender de la experiencia, después de lo cual se puede extender si se desea el proceso completo de planeación a largo plazo.

5. Si resulta más interesante 2(c), pase al capítulo cuatro; posteriormente tome un tema de interés particular y elabore el proceso de análisis con su equipo o en forma individual. Resista la tentación de pasar rápidamente a la "solución" puesto que el proceso puede presentar varias opciones que no se habían considerado previamente; además puede encontrarse que estaba analizando el aspecto indebido y puede alcanzarse una mayor claridad.

6. Si ya se considera preparado para abordar el 2(d), recomiendo que se definan las áreas clave estratégicas, primero en el orden en las cuales debe enfocarse la planeación a largo plazo. Luego recomiendo que se seleccionen siguiendo el resto del proceso en unas cuantas áreas, aplicando gradualmente el enfoque a la operación completa.

7. Usar el libro como una referencia continua, especialmente los capítulos cuatro y ocho, así como las diversas herramientas y listas de verificación, conforme se efectúa la aplicación del proceso de planeación a largo plazo.

8. No se desanime cuando se enfrente a periodos inevitables de frustración y contrariedad al aplicar estos conocimientos en la planeación a largo plazo; persista en ello, y tanto su satisfacción como su eficacia aumentarán conforme continúe mejorando sus capacidades.

Prepárese ahora para ser un directivo más eficaz de lo que era antes con el uso de este enfoque práctico para la planeación a largo plazo.

G. M. L.

Merrit Island, Florida
Agosto de 1995.

Acerca del Autor

George L. Morrisey es director de Grupo Morrisey, una empresa de asesores con sede en Merritt Island, Florida. Recibió su B. S. (1951) y su M. Ed. (1952) del Springfield College. Tiene más de veinte años de experiencia como directivo y especialista en instituciones como YMCA, First Western Bank, Rockwell International, McDonnell Douglas, y el Servicio Postal de Estados Unidos, así como más de veinte años como consultor de tiempo completo, conferencista profesional y organizador de seminarios. Ha auxiliado personalmente en las áreas de planeación estrategia y táctica a más de doscientas organizaciones comerciales, industriales, de servicio, gubernamentales y no lucrativas en todo el mundo.

Morrisey ha sido autor o coautor de quince libros antes de esta serie, incluyendo *Management by Objectives and Results in the Public Sector* (1976); *Management by Objectives and Results for Business and Industry* (1977); *Getting Your Act Together: Goal Setting for Fun, Health and Profit* (1980); *Performance Appraisals for Business and Industry* (1983); *Performance Appraisals in the Public Sector* (1983); *The Executive Guide to Operational Planning* (con Patrick J. Below y Betty L. Acomb, 1987); *The Executive Guide to Strategic Planning* (con Patrick J. Below y Betty L. Acomb, 1987); *Effective Business and Technical Presentations* (con Thomas L. Sechrest, 1987); y *Creating Your Future: Personal Strategic Planning for Professionals* (1992). Es el autor y productor de varios programas de aprendizaje en audiocasete y videocasete, todos dirigidos a ayudar a los individuos y a las organizaciones a ser más eficaces y autosuficientes.

Como profesional entre profesionales, Morrisey recibió el nombramiento de Expositor Profesional Certificado (CSP) en 1983, y el reconocimiento CPAE (Premio de Excelencia del Consejo de Críticos) en 1984, el mayor reconocimiento otorgado a un conferencista profesional por la Asociación Nacional de Conferencistas. Además en 1994 Morrisey recibió el Cavett Award, nombrado en honor del fundador de la Asociación Nacional de Conferencistas, Cavett Robert. Morrisey es miembro fundador del concejo de directores de la Asociación para la Excelencia Administrativa (originalmente el Instituto Internacional MBO) y de la Asociación Nacional de Conferencistas.

Para mayor información acerca de los servicios de Morrisey, ponerse en contacto con:

El Grupo Morrisey
P.O. Box 541296
Merritt Island, FL 32954-1296
(800) 535-8202, (407) 452-7414, Fax (407) 452-2129

Planeación a largo plazo

CAPÍTULO UNO

¿Cómo hacer del futuro una realidad?

El resto de la historia de la planeación estratégica

Durante muchos años, la "planeación estratégica" y la "planeación a largo plazo" se consideraron como sinónimos. Lo malo es que la planeación a largo plazo como se ha practicado en muchas empresas no es más que una extrapolación de la historia. Los ejecutivos revisan sus resultados de los cuatro o cinco años anteriores y proyectan un perfil similar durante los cuatro o cinco años siguientes, haciendo ajustes de acuerdo con los cambios que saben que tendrán lugar. En el cambiante ambiente actual, tal práctica representa un viaje seguro hacia el desastre de la empresa u organización. Como ya lo dijo un bromista, *la única constante que tenemos a futuro es el cambio.* Algunos cambios son inevitables, mientras que otros son resultado de nuestros propios esfuerzos creativos; un proceso de planeación eficaz debe abarcar con eficacia ambos tipos de cambios.

La premisa establecida en el primer libro de esta serie, *El pensamiento estratégico,* puede reiterarse aquí: que el proceso de planeación funciona como enlace entre el pensamiento intuitivo y el analítico, como lo muestra la figura 1.1. Fue esta premisa la que me llevó a tratar el proceso de planeación en tres libros, cada uno basado en un componente del proceso en el que se puede seccionar el enlace. El primer componente, *el pensamiento estratégico,* reside principalmente en la intuición, con una modesta cantidad de análisis. *La planeación a largo plazo* representa un punto de equilibrio entre los dos procesos. *La planeación táctica* se basa principalmente en el análisis, con la intuición como medio de control y equilibrio.

En el primer libro también introduje el concepto de "las tres *P*" del proceso de planeación: perspectiva, posición y desempeño. Cada una de las tres componentes del proceso de planeación se relaciona con las tres *P* de la siguiente forma:

Intuitivo————————————————————————————————**Analítico**
Pensamiento estratégico   Planeación a largo plazo   Planeación táctica

Figura 1.1   El continuo del proceso de planeación

El pensamiento estratégico da lugar a la perspectiva

La planeación a largo plazo da lugar a la posición

La planeación táctica da lugar al rendimiento

Aunque estos tres componentes se traslapan, cada uno de ellos requiere un nivel distinto de enfoque por parte de los ejecutivos que participan en el proceso. En la figura 1.2 se muestran los componentes y sus elementos específicos; observe que cada uno de los primeros dos componentes penetra en el siguiente, llevando el proceso de la planeación a la puesta en práctica.

En este libro recalco la importancia de observar el horizonte: en dónde necesita estar la empresa en un momento específico del futuro para desempeñar su misión, visión y estrategia identificadas durante la fase de pensamiento estratégico del proceso de planeación.

¿Qué es la planeación a largo plazo y por qué es importante?

La planeación a largo plazo incluye la aplicación de la intuición y el análisis para determinar las *posiciones* futuras que la organización o empresa debe alcanzar. También debe verse como un proceso dinámico lo suficientemente flexible para permitir —y hasta forzar— modificaciones en los planes a fin de responder a las cambiantes circunstancias. La planeación a largo plazo es importante debido a que...

- Mantiene a la vez el enfoque en el futuro y en el presente.

- Refuerza los principios adquiridos en la misión, visión y estrategia.

- Fomenta la planeación y la comunicación interdisciplinarias.

- Asigna prioridades en el destino de los recursos.

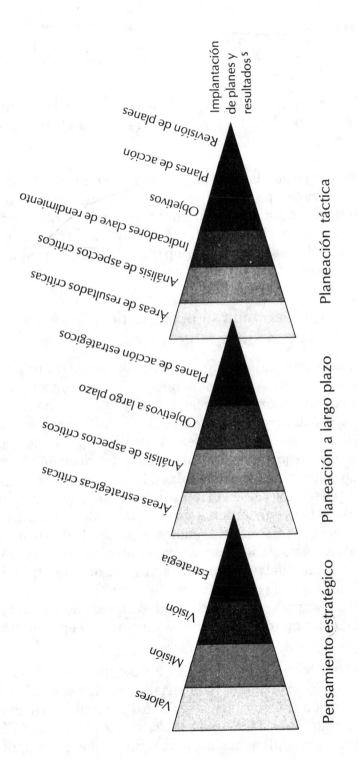

Figura 1.2 El proceso de planeación

- Constituye el puente con el proceso de planeación táctica a corto plazo.

- Obliga a los ejecutivos a ver la planeación desde la macroperspectiva, señalando los objetivos centrales a modo que pueden contribuir a lograrlos.

La planeación a largo plazo es un proceso que mantiene unido al equipo administrativo para traducir la misión, visión y estrategia en resultados tangibles. Además permite ahorrar el valioso tiempo administrativo, reduce los conflictos, y fomenta la participación y el compromiso con los esfuerzos requeridos para hacer realidad el futuro que se desea.

¿Qué entraña el proceso de planeación a largo plazo?

La planeación a largo plazo es más un proceso analítico que un pensamiento estratégico, aunque depende mucho del conocimiento intuitivo, la comprensión y el juicio de los ejecutivos que intervienen en él. Aparte del grado de complejidad de las herramientas analíticas usadas, el juicio objetivo es la piedra angular de una eficaz planeación a largo plazo. Deben tomarse las decisiones con base en el juicio colectivo de quienes tienen la responsabilidad del futuro de la empresa; por ello es primordial que los miembros del equipo administrativo concuerden sobre la naturaleza y alcance de la empresa, los principios bajo los cuales se pretende que opere y el sentido en el que ésta debe avanzar como institución (en otras palabras, los resultados del pensamiento estratégico) *antes* de identificar los destinos específicos y las rutas del viaje.

A continuación se presenta una breve descripción de los cuatro elementos principales que constituyen este enfoque de la planeación a largo plazo:

- *Áreas Estratégicas Críticas (AEC, o KSA, por sus siglas en inglés)*. Estas son las principales categorías hacia las cuales debe enfocarse la atención colectiva para el futuro previsible. Muchas de las AEC serán similares a las *Áreas de Resultados Críticas (ACR)* que se identifican en la planeación táctica. Sin embargo, el enfoque de las AEC es de alcance más amplio y está diseñado para ayudar a la determinación de en dónde se quiere estar como organización, y no tanto de los resultados específicos que se quieran alcanzar. Por ejemplo, enfocar la *proyección financiera* como AEC tiene que ver más con aspectos tales como tasas de crecimiento, valor neto y combinación de utilidades; mientras que el énfasis en los *resultados financieros,* como ACR, tiene que ver con las utilidades obtenidas con una línea específica de productos, los márgenes de utilidad y el flujo de efectivo. El enfoque del *desarrollo de productos* como una AEC consideraría más los nuevos productos o servicios de largo desarrollo con un buen potencial a futuro (en concordancia con la misión y estrategia de la empresa), mientras que ver esta misma área como una ACR se enfocaría más en las modificaciones a los productos y novedades que contribuirían a las utilidades de ese año.

El principal propósito de determinar primeramente las AEC en el proceso de planeación a largo plazo es ayudar en la identificación de los aspectos críticos estratégicos que necesitan ser abordados durante un amplio periodo para cumplir con la misión y la estrategia; estando de acuerdo en las AEC como un equipo gerencial, se facilitará y hará más productivo el proceso de identificación y análisis de tales aspectos. Al mismo tiempo, para algunas AEC se podrán determinar los objetivos a largo plazo sin tener que profundizar en el proceso de análisis.

- *Análisis de Aspectos Críticos.* Este es el mismo título que se usó para el segundo elemento de la planeación táctica. La diferencia, nuevamente, se refiere al alcance e impacto futuro. Los aspectos críticos en el plan a largo plazo abordan oportunidades y amenazas externas, así como fuerzas y limitaciones internas que tendrán marcado efecto en el cumplimiento de la misión y la estrategia, y que requerirán más de un año para resolverse por completo. Los aspectos críticos del plan táctico se enfocarán en los medios para establecer la porción del año en curso del plan a largo plazo, mejorando aspectos del plan presente que continuarán y abordando oportunidades o problemas de corto plazo que afectarán los resultados de ese mismo año. Por ejemplo, un aspecto estratégico crítico podría ser *la obsolescencia proyectada de los productos o servicios de alto volumen y alto margen;* un aspecto táctico crítico sería *la necesidad de mejorar notablemente nuestra posición competitiva [en productos o servicios específicos].* Los aspectos estratégicos críticos tienden a ser más orientados hacia la oportunidad, mientras que los tácticos críticos por lo general se enfocan más a la resolución de problemas.

• *Objetivos a Largo Plazo (OLP, o LTO, por sus siglas en inglés).* Tales objetivos representan las posiciones estratégicas que se desean alcanzar en un momento dado del futuro. Los objetivos que se incluirán en el plan táctico, por el contrario, marcarán los resultados medibles específicos que deberán lograrse dentro del tiempo de duración del plan. Los OLP casi siempre comenzarán con la frase "tener" o "llegar"; por ejemplo, tener un mínimo del 50 por ciento de nuestras utilidades generadas en el año 2002 a partir de productos o servicios que actualmente no se ofrecen; o llegar a ser el mayor proveedor de servicios (específicos) en nuestro mercado para el año 2000; o tener un centro de orientación familiar registrado que sea financieramente autosuficiente para el año 2001. Por el estilo, este enfoque de la planeación a largo plazo incluye proyecciones financieras como parte de los OLP y no como un elemento separado. Mi experiencia en el trabajo con varias empresas clientes me sugiere que todos los OLP tienen implicaciones financieras, y todas las proyecciones financieras dependen de otros OLP. Tiene sentido por lo tanto incluirlos a todos, a modo que se puedan establecer claramente sus interdependencias.

Otra de las grandes diferencias entre los objetivos a largo plazo y los objetivos tácticos a corto plazo es que los OLP pueden establecerse sin necesidad de saber cómo alcanzarlos. En la mayoría de los casos, es válido en la planeación a largo plazo establecer una posición en el horizonte para lograr una buena contribución a la misión y la estrategia, y luego proveer los medios de los que se valdrá. Cuando se establecen objetivos tácticos, en cambio, es mejor tener en mente un plan de acción bien elaborado, o de otra forma se pueden tener problemas serios.

• *Planes Estratégicos de Acción (PEA o SAPs por sus siglas en inglés).* Estos planes identifican los principales pasos o puntos de referencia que se requieren para avanzar hacia los objetivos a largo plazo. En especial para el caso de los OLP en los que no se tiene certeza cómo proceder, las etapas iniciales de los PEA estarán relacionadas con la evaluación de varias opciones. Los PEA por lo general serán multianuales y multifuncionales; algunas partes tendrán lugar durante dos o más años y requerirán grandes esfuerzos de más de un área en función, como la de mercadeo, la de investigación y desarrollo y la producción. En consecuencia, los PEA para una institución son los puentes entre los planes tácticos y los de largo plazo en los departamentos funcionales que intervendrán en el logro de las metas generales.

• *La revisión y modificación del plan estratégico,* si bien no es un elemento del plan, es un paso que debe seguirse continuamente para evaluar los planes establecidos y para tener certeza de que no se ha pasado por alto algo importante.

Algo que resultará obvio cuando se proceda con el proceso de planeación a largo plazo es que se trata de un procedimiento iterativo (de repetición) y no uno lineal; conforme se efectúa cada uno de los cuatro principales elementos, puede notarse que es preferible o hasta indispensable remitirse a decisiones anteriores —incluso algunas que formaban parte del pensamiento estratégico— y revaluarlas a la luz de las nuevas circunstancias. La planeación es un proceso dinámico y nunca estático; se requiere estar preparado para modificar los planes y posiblemente cambiar de dirección cuando las circunstancias lo ameriten.

¿Cómo apoya nuestro plan a largo plazo a nuestro pensamiento estratégico?

El pensamiento estratégico individual requiere la aplicación del juicio basado en la experiencia para determinar las direcciones a futuro. El pensamiento estratégico de la institución o empresa es la coordinación de las mentes creativas en una perspectiva común que le permite a la empresa actuar sobre el futuro en una forma satisfactoria para todos los participantes.

El primer libro de esta serie se enfocó en la articulación de los valores, misión, visión y estrategia. El establecimiento de la misión es el documento de planeación más importante para el inicio de este proceso; cuando se elabore apropiadamente, servirá como fundamento para todas las decisiones importantes que tome el equipo gerencial. De acuerdo con la definición, comprende los siguientes grandes elementos:

- El concepto de la empresa o institución
- La naturaleza de la empresa
- La razón de existir de la empresa
- Los clientes a los que se atenderá
- Los principios y valores bajo los que se pretende operar

Siguiendo este enfoque, se diseña la misión para proporcionar una guía consistente en la toma de decisiones importantes por parte de la gerencia.

Por otra parte, se diseña la visión para inspirar y motivar a todo aquel que tenga un profundo interés en el futuro de la institución o empresa. La estrategia señala la dirección en la que debe desplazarse la institución o empresa, su *fuerza motriz*, y otros factores que ayudarán a determinar qué productos y servicios futuros deben tenerse y qué mercados muestran mayores potenciales. La visión y la estrategia deben formar parte de la misión establecida, o pueden ser declaraciones por separado. De la forma que se haya llegado a ello, se requiere contar con una misión para la institución o empresa completa y para las partes de la institución o empresa (divisiones, departamentos, unidades) en las que se tenga un funcionario representativo.

Con el resultado del pensamiento estratégico a la mano, el equipo deberá tener un sentido claro de la dirección que ayudará a identificar los aspectos críticos estratégicos que necesitan analizarse para producir los planes a largo plazo que darán cumplimiento a las perspectivas estratégicas. La planeación a largo plazo es el proceso que transforma los sueños en realidad. Las posiciones futuras que se logran como resultado de la planeación a largo plazo serán los resultados tangibles que transformarán los esfuerzos de planeación en una valiosa inversión.

¿Cómo apoya nuestro plan a largo plazo a nuestra planeación táctica?

La planeación a largo plazo es el puente entre el pensamiento estratégico y los resultados a corto plazo que necesitan pasarse a las posiciones futuras que se han proyectado. La planeación táctica se reduce a lo esencialmente urgente, con los resultados específicos que deben alcanzarse en el futuro inmediato y cómo deben distribuirse los recursos. Es posible hacer planeación táctica sin referirse a un plan estratégico formal, pero el rendimiento tenderá a hacerse principalmente reactivo hacia lo que está sucediendo ahora. Al tenerse un claro sentido de la dirección y algunas posiciones específicas en el horizonte, se podrá llegar a ser mucho más proactivo (con iniciativa y responsabilidad) con el rendimiento de la empresa o institución mientras se puede seguir respondiendo a los cambios de las circunstancias.

Resumen

La planeación a largo plazo es el componente intermedio del proceso de planeación, situado entre el pensamiento estratégico y la planeación táctica; como tal, se tiene que

- Ayuda a crear los pasos para realizar la misión, la visión y la estrategia.

- Se enfoca en ver hacia el horizonte —en dónde necesita estar la empresa o institución en los momentos específicos del futuro.

- Es un proceso dinámico lo suficientemente flexible para permitir y hasta obligar a modificaciones que respondan a los cambios en las circunstancias.

- Incorpora cuatro grandes elementos:

  Áreas estratégicas críticas, las principales categorías en las cuales debe enfocarse la atención colectiva para el futuro previsible

  Análisis de aspectos críticos, un proceso para identificar, ordenar, analizar y resumir aspectos relacionados con oportunidades y amenazas externas a la empresa o institución, así como fuerzas y limitaciones internas

  Objetivos a largo plazo, que representan las posiciones estratégicas que se desean alcanzar en algún momento del futuro

Planes estratégicos de acción, los principales pasos o puntos de referencia que se requieren para avanzar hacia las posiciones futuras que se han proyectado

El siguiente capítulo se centrará en las personas que deben participar en el proceso de planeación a largo plazo, y cómo pueden cumplir con sus responsabilidades.

CAPÍTULO 2

¿Quiénes elaboran los planes a largo plazo?

Es axiomático que la efectividad de un proceso de planeación estará en proporción directa con la cantidad y calidad del esfuerzo realizado por los ejecutivos comprometidos en tal planeación. Como en el pensamiento estratégico la planeación a largo plazo solía considerarse como responsabilidad casi exclusiva de los altos funcionarios; esto ya no es así. todos los ejecutivos y gerentes tienen necesidad de ver más allá de los trabajos presentes para que su organización se mantenga en plan competitivo. Aunque la dirección futura de la organización completa puede venir del equipo de altos funcionarios, los demás gerentes de la organización desempeñarán un papel importante en la determinación de las posiciones futuras que deben perseguirse. Por otra parte, ellos serán los principales ejecutores, quienes organizarán los trabajos para hacer que el futuro deseado se vuelva realidad. Me enfoco en este capítulo sobre los distintos papeles que cada nivel administrativo debe desempeñar en el proceso, con un énfasis particular en la alta administración, y en cuándo y cómo deben participar otras personas de la empresa. Habrá un considerable traslape entre el contenido de este capítulo y los capítulos relacionados de *Guía para el Pensamiento Estratégico* y *Guía para la Planeación Táctica*; si ya se está familiarizado con el enfoque recomendado en alguno de estos libros, puede saltarse este capítulo y concentrarse en las partes relacionadas con la planeación a largo plazo.

¿Qué es el concepto de presidente de unidad?

El concepto de *presidente de unidad* ha mostrado ser muy útil para asignar responsabilidades en la planeación. Ya sea que usted tenga el puesto de director general de una empresa, el de gerente de una división o departamento o el de supervisor de primera línea, o sólo sea uno de los participantes de una unidad mayor, considérese como el presidente de una compañía. Considere a todos los de la compañía con quienes deba relacionarse —incluyendo a su jefe— como su grupo de directores. La responsabilidad de un presidente es identificar con claridad las posiciones futuras que la organización debe alcanzar para satisfacer a los accionistas y lograr los resultados que aseguren la permanencia; como presidente de unidad necesita definir las posiciones futuras de su unidad que serán compatibles con las de la organización completa. Una vez que se tengan claras esas posiciones, generalmente se contará con bastante libertad para administrar su "compañía" en tanto se produzcan los resultados deseados. Este principio y el resto del contenido de este libro son igualmente aplicables, ya sea que se tenga la función de director de una empresa privada, gubernamental o no lucrativa. Aunque el concepto de presidente de unidad tendrá más aplicación en la *planeación táctica*, es importante tenerlo en mente durante todo el proceso de planeación.

¿Quién hace qué en la planeación a largo plazo?

La responsabilidad final para el desarrollo y la ejecución de los planes estratégicos y tácticos de la organización completa recae en el director general (o cualquier otro nombre que se le dé en su organización a quien toma las decisiones fundamentales) y en el equipo directivo, lo cual incluye a los gerentes de los principales departamentos, uno o dos asesores y todo aquel que guíe el proceso de planeación. Si usted pertenece a un equipo directivo, es entonces el encargado de ver que el proceso se difunda en cascada hacia todos los niveles bajo su liderazgo; esto se aplica así se trate del pensamiento estratégico, la planeación a largo plazo o la planeación táctica. Veremos específicamente los papeles de los participantes clave en el proceso de planeación a largo plazo.

• El director general debe demostrar un liderazgo convincente para que el proceso de planeación a largo plazo reciba la atención adecuada en toda la empresa. Este liderazgo incluye participar activamente desde el inicio en el planteamiento y en asignar el suficiente tiempo al personal para el desempeño de sus asignaciones. Puesto que la planeación a largo plazo dará lugar a la identificación de las áreas estratégicas clave de la organización, los aspectos críticos, los objetivos a largo plazo y los planes estratégicos de acción, los resultados de tales esfuerzos deben ser apoyados con determinación y entusiasmo por el director general. En ocasiones, el director general necesitará actuar con firmeza para fomentar la participación activa de los demás, así como asegurarse de que éstos tomen las decisiones necesarias y de que el proceso no se estanque.

• *Los funcionarios del equipo de directores* desempeñan papeles dobles. Si usted pertenece a este equipo debe reconocer que sirve como extensión del cargo de presidente o director general. En teoría, el director general puede ejecutar el proceso por sí mismo; sin embargo, en su mayoría, los ejecutivos reconocen que no pueden hacerlo solos, y la contribución de ideas divergentes proporcionará por lo general resultados más útiles. Es necesario comprender claramente que cuando se trabaja en este campo se representan los intereses de toda la empresa y no los de su propia función o programa. El segundo papel, como ya se indicó, es mostrar liderazgo dentro de sus áreas de responsabilidad para propiciar la participación conjunta de los demás, así como la comunicación entre todos.

• Los elementos del *consejo directivo* pueden participar activamente en todo el proceso de planeación a largo plazo, o trabajar principalmente en la revisión y la aprobación, dependiendo del tamaño, la estructura y el nivel de interés del consejo. Los componentes del consejo de una organización no lucrativa, ya sea como asociación profesional, institución educativa o agencia de servicio comunitario, por lo general participarán en el avance del proceso, tanto como grupo (si el tamaño lo permite) o, más frecuentemente, a través de comisiones de planeación estratégica (posiblemente un comité ejecutivo) que se encargarán del proceso inicial para seguir luego con una revisión por parte del consejo completo. Sin embargo, la mayoría de los consejos empresariales buscarán en el director general y en el equipo de altos directivos el liderazgo en la determinación inicial de las posiciones futuras hacia las que debe dirigirse la empresa, agregando al mismo tiempo el producto de su experiencia adquirida en otras organizaciones.

• *El coordinador de planeación* es quien dentro de una organización tiene la responsabilidad de la unificación del proceso de planeación. Este papel lo desempeña por lo general una persona del equipo de funcionarios, en ocasiones el presidente o director general. El coordinador de planeación debe tener buenas aptitudes administrativas y desear la responsabilidad. Quien desempeña este papel por lo general lo hace de modo que el proceso de planeación asegure su continuidad y pueda desempeñar cualquiera de las siguientes actividades:

Establecer y vigilar el proceso del programa planeado

Coordinar y manejar la logística de las reuniones de planeación

Documentar y distribuir las minutas de las reuniones.

• Las responsabilidades del *facilitador del proceso de planeación* puede desempeñarlas un agente interno o uno externo, de preferencia alguien que no tenga un marcado interés personal en el resultado. Aun cuando algún miembro del equipo de directivos tenga la capacidad para desempeñar este papel, no es recomendable que lo haga, puesto que los elementos de tal equipo necesitan la libertad para defender sus posiciones en ciertos aspectos y expresar sus convicciones personales durante las discusiones. Para tener eficacia, el facilitador debe mantenerse neutral mientras modera la discusión.

El facilitador del proceso de planeación necesita contar con el respeto de los ejecutivos participantes y con su confianza personal, puesto que en ocasiones tal vez sea necesario confrontar a ciertos elementos del equipo de planeación. Un consultor o asesor interno suele tener un conocimiento profundo de la organización y ser más accesible que uno externo. Un consultor externo suele contar con una experiencia más amplia y diversa, y por lo general se le considera más neutral que uno interno. Un equipo de consultores internos y externos aprovecharía eficazmente lo mejor de ambos casos. El facilitador del proceso de planeación puede desempeñar cualquiera de las siguientes actividades:

Diseñar o modificar el proceso de planeación

Capacitar a los participantes en el proceso de planeación

Diseñar y facilitar las reuniones de planeación

Asesorar al director general

Al adoptar el concepto de presidente de unidad, *otros gerentes* son los encargados de la determinación de las áreas estratégicas clave, de los aspectos críticos, de los objetivos a largo plazo y de los planes de acción estratégicos para sus propias unidades. Por supuesto, si tal proceso ya lo han iniciado los altos funcionarios, deberá tenerse certeza de que el resultado de su proceso esté sustentado por el de toda la organización o empresa. Si dicho proceso no ha sido propuesto a altos niveles, puede usted efectuarlo a su nivel aplicando su criterio para asegurarse de que los esfuerzos de su unidad sean al menos compatibles con los que pretende el resto de la organización.

¿Cuánto tiempo se requiere?

El tiempo requerido para concluir la componente de planeación a largo plazo del proceso de planeación variará de manera importante, según el tamaño y la complejidad de la institución o empresa, la naturaleza de ésta y si se comienza a partir de cero o sobre algo que ya se había elaborado antes. Si ya se han fijado satisfactoriamente la misión, la visión y la estrategia, mi experiencia indica que probablemente se terminará la mayor parte del plan a largo plazo en dos reuniones de dos días efectuadas con un intervalo de treinta a sesenta días, *siempre y cuando* todos los miembros del equipo de planeación hayan cumplido con su parte. Si no se ha terminado con la fase de pensamiento estratégico, probablemente se necesitará tener una reunión previa a las que se dediquen para la planeación a largo plazo. Al menos necesita revisarse el establecimiento de la misión, la visión y la estrategia en las condiciones presentes antes de proceder con el proceso de la planeación a largo plazo. La información generada por el proceso del pensamiento estratégico será en extremo útil cuando se proceda a la identificación de las áreas estratégicas clave, el análisis de los aspectos críticos, la determinación de los objetivos a largo plazo y la preparación de los planes estratégicos de acción. Por otra parte, al programar una serie de reuniones con tareas específicas en ellas, se tendrá oportunidad de tener retroalimentación en las amenazas iniciales y hacer las modificaciones que se consideren pertinentes. Necesita reconocerse que cada gerente participante tendrá que invertir varias horas de preparación individual para hacer las reuniones lo más productivas posible.

Las primeras reuniones de planeación a largo plazo deberán incluir la creación o la revisión de la misión, la visión y la estrategia, así como la identificación y la clasificación de las áreas estratégicas y los potenciales aspectos estratégicos críticos. También puede hacerse un análisis inicial de algunos de los aspectos críticos y determinar la información adicional requerida (y quién se encargará de obtenerla) a fin de determinar el análisis en una reunión posterior. La segunda reunión de dos días (así como una tercera en caso necesario) se enfocará en la conclusión del análisis de los aspectos estratégicos críticos que deben incluirse en el plan, así como la determinación de los objetivos a largo plazo y el establecimiento de los planes estratégicos de acción.

Algo que debe tenerse en mente es que si se efectúa esto formalmente por primera vez, entonces *no tiene que concluirse un plan estratégico completo desde el primer intento*; esto quizá resulte sorprendente. Se puede desear concentrarse al principio en dos o tres aspectos críticos que apoyen la misión, con la expectativa de que se amplíen después estos mismos y se agreguen otros; en otras palabras, es posible usar un enfoque progresivo que asegure que se va progresando, así como un equipo de futbol americano se concentra en lograr una serie de varios "primeros y diez" en lugar de querer conseguir una anotación en cada jugada.

¿Cómo hacer que participen otras personas importantes?

Una de las ventajas clave de este proceso es que proporciona una oportunidad para que participen aquellos que tienen un marcado interés en el resultado de las actividades de planeación a largo plazo antes, durante y después de los intentos iniciales de la puesta en marcha. Ese "aquellos" podría incluir a los empleados que no participan activamente en el proceso de planeación, a clientes, a representantes de ventas externos, a proveedores, a socios estratégicos, a representantes comunitarios y quizás hasta algunos de los competidores, si el esfuerzo cooperativo llega a beneficiar a todos los participantes (por supuesto que esto no significa la violación de restricciones contractuales).

Antes

Quizá se desee informar a algunos interesados que se está procediendo con la identificación de las áreas estratégicas clave y de los aspectos estratégicos críticos, para invitarlos a exponer informalmente sus puntos de vista. Aunque algunos no responderán a tal invitación, al menos tendrán conocimiento de lo que se está haciendo, y la curiosidad será una forma de mantenerlos interesados.

Otras formas de lograr la participación incluyen:

* El planteamiento de una breve serie de preguntas, similares a las descritas en los capítulos siguientes, que serán distribuidas entre algunos interesados para que hagan sus comentarios y las entreguen antes de las reuniones iniciales

* La conducción de una serie de reuniones diseñadas para comentar las respuestas a dicho cuestionario

* Citar a una fuerza de trabajo compuesta de miembros interdisciplinarios que puedan ayudar a definir los aspectos que necesitan ser abordados

En el transcurso

Si se están programando una serie de reuniones, puede ser práctico para los componentes del equipo de planeación reunirse con otras personas de sus propias unidades y quizá también de otras unidades para tener retroalimentación interna sobre los avances que se vayan logrando. Esto es especialmente importante conforme se termina con la identificación inicial de los aspectos estratégicos críticos, a fin de asegurarse de que no se haya pasado por alto algún aspecto que sea especialmente importante (los capítulos siguientes contienen ejemplos de la clase de preguntas que pueden hacerse).

Después

Una vez que el equipo de planeación se ha puesto de acuerdo en las áreas clave estratégicas, los aspectos críticos, los objetivos a largo plazo y los planes estratégicos de acción, es importante que se les comunique a quienes se verán afectados; al hacerlo, debe hacerse hincapié en que tales análisis y planes están aún sujetos a modificaciones basadas en la retroalimentación por recibir. Aquí hay varias formas en las que podría comunicarse dicha información:

- Publicar el plan estratégico completo (el resultado del trabajo de pensamiento estratégico y el de planeación a largo plazo) junto con una interpretación que se considere necesaria, así como una indicación con respecto a las posibles modificaciones.

- Reunirse con los representantes de varios grupos de trabajo (probablemente comenzando por los empleados), ya sea en forma individual o en grupos pequeños, y analizar cómo les afectarán en forma individual y colectiva las deducciones de los resultados de estos trabajos, así como a la organización completa. Mi recomendación es que se haga circular el material, ya sea previamente o durante la reunión, y que se *pida a los participantes que interpreten el significado* de los documentos en lugar de darles una interpretación; haciendo esto, se tendrá una mejor oportunidad de tener una retroalimentación honesta sobre la claridad de la información.

- Circular documentos preliminares del material junto con una serie de preguntas de retroalimentación para que el personal las responda. Este método es especialmente útil en organizaciones altamente descentralizadas o en aquellas en las que sería difícil reunir grupos con este mismo propósito.

- Circular documentos preliminares con una carta de presentación que indique que serán revisados y posiblemente modificados en un tiempo preestablecido, por decir, en seis meses.

El principio es tener en mente que tales documentos deben percibirse como letra viva que se aplicará en las tareas de planeación táctica así como en la consiguiente toma de decisiones. No hay registro académico que sea archivado y olvidado o ignorado cuando sea conveniente hacerlo; con seguridad alguno de los participantes lo hará notar cuando se vea que las acciones no corresponden a las posiciones tomadas en las actividades de pensamiento estratégico o de planeación a largo plazo.

¿Puede emplear la planeación a largo plazo para formar equipos?

Mi experiencia me indica que el proceso completo de planeación es uno de los más poderosos con los que se cuenta para desarrollar un sentido de unidad y apoyo mutuo entre los elementos de un equipo administrativo, ya sea a nivel ejecutivo o de unidad. Mi trabajo con una amplia variedad de organizaciones me ha enseñado que hay un mayor valor de formación de equipo cuando se mantiene a sus integrantes en un intercambio enfocado en el futuro de la organización, más que en la integración del equipo en la que se presentan actividades puramente interpersonales, las que algunos de mis colegas aconsejan.

Resumen

- La planeación a largo plazo es un proceso personal que requiere que todos quienes toman decisiones clave en la organización participen activamente en sus distintas etapas.

- El concepto de presidente de unidad (usted es el presidente de su propia "compañía" sin importar su posición dentro de la empresa) es una forma útil de asignar responsabilidades para la planeación.

- La responsabilidad final del planteamiento y puesta en marcha de los planes estratégicos y tácticos de la institución o empresa reside en el director general y el equipo de la altos funcionarios.

- Un facilitador del proceso de planeación que no tenga un demasiado interés personal comprometido en el resultado ayudará a realizar las actividades de planeación en forma más objetiva y. productiva

- La planeación a largo plazo requerirá de una modesta inversión de tiempo en reuniones con aquellos que toman las decisiones clave a nivel de la organización completa y de unidad; también puede requerir cierta inversión de tiempo en investigación y análisis para hacer tales reuniones lo más productivas posible.

- No se tiene que producir un plan estratégico completo en un intento inicial; puede desarrollarse gradualmente.

- Otras personas importantes que quizá no intervengan directamente en el proceso de planeación a largo plazo necesitan tener la oportunidad de proporcionar puntos de vista antes, durante y después de las actividades formales de planeación, a fin de asegurar su apoyo cuando el plan se pongan en práctica.

- La planeación a largo plazo es una forma eficaz de lograr que todos los elementos de un equipo administrativo participen y se comprometan con el futuro de su institución o empresa.

En el siguiente capítulo se abordará el primer elemento del proceso de planeación a largo plazo: las áreas estratégicas clave.

CAPÍTULO TRES

¿Cuál es su enfoque?

La determinación de las áreas estratégicas críticas

¿Dónde implantar su plan a largo plazo? ¿Deben sacarse ideas al azar para ver cuáles resultan buenas? ¿Debe buscarse un plan estratégico anterior y cambiarle las cifras? ¿Deben revisarse los planes tácticos y ver qué factores tienen implicaciones estratégicas? ¿Deben examinarse la misión, la visión y la estrategia para enfocarse en aquellas partes que requieran posiciones específicas a largo plazo? Quizás sea sorprendente, pero la respuesta es "sí a todo lo anterior". Deberá aprovecharse toda fuente disponible que ayude a identificar hacia dónde se tiene que avanzar.

En realidad el establecimiento de la misión, la visión y la estrategia es probablemente el estímulo inicial más productivo; ayuda a enfocar el concepto y la dirección de la institución o empresa. El siguiente paso que muchos de mis clientes han encontrado útil es la determinación de sus áreas estratégicas críticas (AEC), categorías en las cuales se identifican los aspectos críticos y establecerse los objetivos a largo plazo.

¿Qué son las áreas estratégicas críticas y por qué son importantes?

Las áreas estratégicas críticas (AEC) representan aquellas grandes categorías hacia las que debe enfocarse la atención colectiva para un futuro previsible. Como se mencionó en el capítulo uno, algunas AEC parecerán similares a las áreas de resultados críticas (ARC, o KRA, por sus siglas en inglés, de *Key Result Areas*), las que son el paso equivalente en el proceso de planeación táctica. Sin embargo, las AEC se enfocarán en el futuro, con un alcance más amplio que las ARC, y serán diseñadas para ayudar a determinar en dónde se quiere estar como organización, más que los resultados específicos que se desean obtener. Al lograr los acuerdos sobre las AEC se contará con apoyo para

- Enfocarse en las partes de la misión, la visión y la estrategia que necesitan considerarse para el plan a largo plazo

- Identificar y ordenar los aspectos estratégicos críticos que representan las fuerzas, limitaciones, oportunidades y amenazas de la institución o empresa conforme se avanza en el viaje estratégico

- Estructurar el plan a largo plazo, y en especial los objetivos a largo plazo, en categorías que serán fáciles de coordinar y rastrear

- Formar un puente con las ARC en el plan táctico para asegurar que los pasos del plan de acción estratégica se están efectuando en una forma eficaz y eficiente

¿Cuáles son los lineamentos para determinar las áreas estratégicas críticas?

Los siguientes lineamientos pueden emplearse como ayuda para determinar las AEC para la institución o empresa completa o para una unidad específica. En la figura 3.1 aparece un resumen de estos lineamentos.

1. *Por lo general deben identificarse aquellas de cinco a ocho grandes categorías dentro de las que la institución o empresa o la unidad deben establecer posiciones futuras por lograrse.* Manteniendo las AEC en un número relativamente bajo resulta más fácil concentrar los esfuerzos en aquellas que tendrán mayor impacto en lo que necesita ser alcanzado.

2. *Deben incluir áreas financieras y no financieras.* Las proyecciones financieras son una parte esencial de cualquier plan a largo plazo. Necesita tenerse una visión de lo que deberán ser los márgenes de ganancia futuros, las tasas de crecimiento, las utilidades, y las ventas netas. Estas proyecciones financieras tienen poco sentido, a menos de que se consideren aspectos y se establezcan objetivos a largo plazo en áreas tales como competencias futuras, productos nuevos y mercados nuevos o más amplios.

3. *Deben enfocarse en aspectos y posiciones futuras que requieren trabajo durante varios años.* Aunque algunas de las AEC serán las mismas que las ARC en el plan táctico, o al menos similares, las AEC deben ayudar a identificar aspectos que no pueden concluirse completamente durante el año en curso. Por supuesto muchas de sus AEC serán parte del plan a largo plazo en tanto exista la institución o empresa.

4. *Deben apoyar directa o indirectamente lo declarado en la misión, la visión y la estrategia de la institución o empresa.* Muchas partes de estas declaraciones pueden convertirse directamente en AEC, mientras que otras permanecerán implícitas. En donde se proyecten cambios futuros, necesita tenerse la certeza que serán considerados en una o más de las AEC.

5. *Generalmente requerirán trabajo interdisciplinario.* Al nivel de la institución o empresa completa, la mayoría de las AEC requieren la participación activa de dos o más de las funciones o los segmentos principales de la institución o empresa. Las AEC para la unidad deben tomar en cuenta áreas tales como el desarrollo de nuevos productos o servicios o las relaciones con el cliente, en las que es esencial la cooperación con otras unidades.

6. *Cada AEC debe limitarse por lo general a dos o tres palabras y no debe ser medible cómo se establece, pero sí contener factores que lleven a logros futuros.* Las AEC deben ser lo bastante específicas para identificar los distintos aspectos y posiciones futuras en las que necesite enfocarse, pero también lo bastante generales para proporcionar flexibilidad y, cuando sea apropiado, identificar más de un aspecto crítico u objetivo a largo plazo. Al limitar las AEC a frases cortas se hace más fácil determinar hacia dónde necesita enfocarse la atención.

La figura 3.2 contiene varios ejemplos de AEC que son aplicables a varias organizaciones; sin embargo, no debe verse como una lista de recetario. Algunas de estas áreas no se aplicarán a su empresa, y sin duda hay otras áreas apropiadas para su empresa que no aparecen aquí. Las AEC seleccionadas deben establecerse en términos que sean relevantes para usted y otras personas que estén relacionadas con ellas.

La figura 3.3 muestra las AEC que se utilizan con frecuencia dentro de unidades específicas de una institución o empresa. Como

puede observarse, algunas de estas AEC son idénticas a las identificadas en las de la institución o empresa completa; pero el alcance
de los aspectos identificados al nivel de unidad es generalmente
más estrecho que el enfoque a nivel de toda la institución o empresa. He incluido además algunas AEC que son consideradas más
lógicamente a nivel de unidad.

Figura 3.1   Lineamientos para determinar las áreas estratégicas críticas

1. Generalmente deben identificarse las primeras de cinco a ocho categorías dentro
   de las que la institución o la unidad deben establecer posiciones futuras por
   alcanzar.
2. Deben incluirse áreas financieras y no financieras.
3. Deben enfocarse aspectos y posiciones futuras que requieran trabajo durante varios
   años.
4. Deben apoyarse directa o indirectamente las declaraciones de la misión, la visión y
   la estrategia de la institución o empresa.
5. Por lo general requerirán esfuerzo interdisciplinario.
6. Cada una debe limitarse, generalmente, a dos o tres palabras y no deben ser
   medibles, sino contar con factores que lleven a logros futuros.

Figura 3.2   Ejemplos de áreas estratégicas críticas en una institución

Proyecciones financieras
Crecimiento y diversificación
Ampliación de capital
Potenciales humanos futuros
Administración exitosa
Capacidades cuantitativas y cualitativas
   de producción a futuro
Tecnología a futuro
Investigación y desarrollo
Estructura organizacional futura

Satisfacción de clientes futuros
Productos y servicios futuros
Posiciones futuras de mercado
Expansión internacional
Formación de proveedores futuros
Alianzas estratégicas futuras
Impacto legislativo y reglamentario
   a futuro
Servicio futuro a la industria
Servicio futuro a la comunidad

Figura 3.3 Ejemplos de áreas estratégicas críticas por unidad

---

Penetración de mercado

Ganancias y ventas

Potenciales humanos a futuro

Mejoramiento del personal

Elaboración de nuevos productos
y servicios

Creación de mercados nuevos y
más amplios

Administración de programas y proyectos

Tecnología

Investigación y desarrollo

Relaciones y satisfacción de los clientes

Control y administración de costos

Control y aseguramiento de calidad

Productividad

Mejoras al proceso

Capacidad cuantitativa y cualitativa de
producción

Integración interdepartamental

Promoción y relaciones con los
proveedores

Estructura de la unidad

Resumen

Las áreas estratégicas críticas representan las categorías en las que los aspectos estratégicos críticos pueden identificarse y establecerse los objetivos a largo plazo. Las AEC se caracterizan por

- Ser similares a las áreas de resultados críticos, el paso equivalente en el proceso de planeación táctica; sin embargo, las AEC se enfocarán en el futuro y tendrán un alcance más amplio que las ARC, además estarán diseñadas para ayudar en la determinación de en dónde se quiere estar como organización más que para determinar los resultados específicos que se quieren alcanzar.

- Identificar por lo general las cinco a ocho principales categorías en las cuales la empresa o unidad deben establecer posiciones futuras por ser alcanzadas.

- Incluir áreas tanto financieras como no financieras.

- Enfocarse en aspectos y posiciones futuras que requieran trabajo de varios años.

- Apoyar directa o indirectamente a la misión, la visión y la estrategia de la institución o empresa.

- Requerir por lo general de trabajo interdisciplinario.

- Estar limitadas por lo general a dos o tres palabras, y no serán medibles cómo se establecen sino que contendrán factores que lleven a logros futuros.

Las AEC son un paso natural preliminar hacia la identificación y el análisis de los aspectos estratégicos críticos, los cuales serán abordados en el siguiente capítulo.

CAPÍTULO CUATRO

¿Qué es lo que importa?

*Identificación y análisis de los asuntos
estratégicos críticos*

Prever lo que el futuro depara nos emociona y atemoriza a la vez. ¿De verdad puede predecirse lo que nos depara el futuro? ¿Hay alguna forma razonablemente segura de enfocarse en aquellos factores que nos traerán los mayores beneficios? La respuesta a tales preguntas es un rotundo sí. Es aquí en donde entra el análisis de los asuntos críticos. Por irónico que parezca, aun cuando *análisis* sea una palabra clave en esta fase de la planeación, tendrá que dependerse en gran medida de la *intuición* administrativa del proceso, incluso más que cuando se hace el análisis de asuntos críticos en el proceso de planeación táctica. Al ver hacia adelante estratégicamente, se enfocará más en lo que se *piensa* que va a ocurrir que en lo que se *sabe* que va a ocurrir.

¿Qué es el análisis de asuntos críticos y por qué es importante?

En la planeación estratégica, el análisis de asuntos críticos es una evaluación de los factores principales que se espera influyan en el cumplimiento de la misión, la visión y la estrategia de la empresa o institución; requiere escudriñar en una "bola de cristal" y predecir lo que se supone que va a ocurrir o las necesidades que se tendrán, además de lo que debe hacerse para estar preparado. Sin embargo, el proceso de análisis exige más que el papel de visionario, pues se requiere disciplina para hacer una valoración sobre las predicciones, una determinación de las posibles causas y un examen de las distintas formas en las que se abordarían los asuntos identificados; obliga a observar el mundo interno y el externo con una perspectiva razonablemente objetiva. El proceso se inicia con lo que yo denomino Evaluaciones FLOA (Fuerzas, Limitaciones, Oportunidades y Amenazas). (Nota: las siglas de FLOA en inglés son SLOT, de Strengths, Limitations, Opportunities, and Threats.) Dicha Evaluación FLOA ayudará a identificar los asuntos, oportunidades y retos que se necesitan analizar conforme se prepara el plan a largo plazo. Un poco más adelante explicaré con mayor detalle este método de evaluación.

Puede ocurrir que la evaluación inicial identifique más asuntos potenciales críticos de los que se esperaba abordar. El análisis de asuntos críticos es especialmente útil en esta etapa del proceso de planeación debido a que ayudará a

- Elaborar una base de información a partir de la cual se establezcan objetivos realistas a largo plazo y planes estratégicos de acción

- Validar o invalidar suposiciones acerca del futuro

- concentrarse en los contados asuntos vitales que tendrán impacto en el futuro de la empresa o institución

- Evitar decisiones prematuras

- Reducir o eliminar gastos en recursos (humanos y materiales) de asuntos con bajo potencial

- Integrar equipos administrativos como parte del proceso de toma de decisiones

- Fijar responsabilidades para acciones que deben llevarse a cabo

¿En qué difiere el análisis de asuntos críticos en la planeación a largo plazo del análisis de asuntos críticos en la planeación táctica?

Aunque hay similitudes entre los dos procesos, la principal diferencia se refiere al alcance, la intención y el enfoque:

- El análisis estratégico crítico hace un énfasis mucho mayor en la identificación y el aprovechamiento de las *oportunidades* futuras, mientras que el análisis crítico de asuntos estratégicos tiende a estar más orientado hacia los *problemas.*

- Se enfoca más en las posibles *razones* que en las posibles *causas,* a fin de aprovechar en forma más directa las oportunidades.

- Con frecuencia penetra en lo desconocido o lo inexplorado, mientras que el análisis *táctico* se desenvuelve principalmente en territorio conocido.

- Requiere de pensamiento creativo enfocado más en lo que podría hacerse que en lo que puede o no puede hacerse.

- Aborda asuntos que no pueden resolverse completamente en un año.

- Está orientado más hacia las *posiciones* futuras que hacia los *resultados* específicos.

- Requerirá mayor planeación estilo "qué tal si".

¿Qué es una evaluación de FLOA?

Puede ya tenerse noción del término *análisis de* como parte de la planeación estratégica (FDOA se refiere a "fuerzas, Debilidades, Oportunidades y Amenazas", término que se refiere a las siglas en inglés SWOT, de Strengths, Weaknesses, Opportunities, and Threats). Prefiero FLOA, que incluye *limitaciones* en lugar de *debilidades,* y poco más adelante explicaré por qué *las fuerzas* y *las limitaciones* son parte del mundo *interno* de la empresa o institución, en dónde puede influirse directamente en el futuro. *Las oportunidades* y *las amenazas* tienen lugar en el mundo *externo* de la institución, que no es controlable pero sí influible, práctica ésta que debe considerarse en los planes. El proceso de evaluación de FLOA funciona por igual tanto a niveles de la empresa o institución completa como de unidad. Enumeraré varios ejemplos genéricos en cada una de estas categorías; por supuesto, los asuntos identificados deben ser específicos para su propia empresa.

    Fuerzas representa los principales puntos a favor con los que cuenta la empresa o institución para ganar mercado en cuatro amplias categorías: potencial humano, capacidad de proceso (lo que incluye edificio, equipos y sistemas), productos y servicios y recursos financieros. En seguida aparecen algunos ejemplos de fuerzas que pueden tenerse en cada categoría:

Potencial humano
Un equipo técnico innovador
Un equipo de producción con preparación y experiencia
Una fuerza de ventas dinámica
Visibilidad en la industria y en la comunidad

Capacidad de proceso
Plantas productivas distribuidas geográficamente
Equipo relativamente moderno
Un sistema de calidad total
Pronta atención a los intereses de los clientes

Productos y servicios
Una línea de productos diversificada
Marcas con imagen positiva
Buen servicio al cliente
Un poco de personalización

Situación financiera
Considerables fondos de reserva
Excelente línea de crédito
Márgenes de utilidad razonablemente buenos
Plan de venta de acciones a los empleados

• *Limitaciones* es la palabra con la que reemplazo a *debilidades*. No me gusta el término debilidades porque implica que algo anda mal y que debe corregirse; envía un mensaje negativo. Por lo tanto prefiero el término limitaciones, porque hay menos prejuicio asociado. Mi amigo y colega Joe Batten me ayudó a darme cuenta de que la debilidad no es más que la falta de fuerza. Si se tiene una limitación relacionada con el potencial humano, la capacidad de proceso o las finanzas, se puede reforzar o tomar acciones a modo que no impidan el avance. En seguida aparecen algunos ejemplos de posibles limitaciones en las cuatro categorías ya identificadas:

Potencial humano
  Inadecuada capacidad de investigación
  Falta de un adecuado grupo de ventas internacionales
  Necesidad de ingenieros políglotas
  Apoyo insuficiente al grupo de ejecutivos

Capacidad de proceso
  Falta de contactos en el sureste asiático
  Lentitud en el mercadeo de nuevos productos
  Necesidad de nuevas fuentes de materia prima
  Falta de información oportuna sobre las tendencias de los
    consumidores

Productos y servicios
  Marcada dependencia en los productos "fuertes"
  Falta de una línea de productos competitivos de bajo costo
  Necesidad de un diseño más flexible
  Necesidad de repartir los productos en nichos de mercado

Financieros
  Insuficiente inversión en investigación y desarrollo
  Limitación en los fondos para expansión
  Presiones de los accionistas por mayores utilidades
  Presión por elevar el precio de los productos centrales

• *Oportunidades* son eventos o circunstancias que se espera que ocurran o que puedan inducirse a que ocurran en el mundo exterior y que podrían tener un impacto positivo en el futuro de la empresa o institución. Esto tiende a aparecer en una o más de las siguientes grandes categorías: mercados y clientes, industria y gobierno, competencia y tecnología.

Acerca de la competencia, considero que es necesario observar que hay diferentes fuerzas competitivas; Michael Porter, en su reconocido libro *Competitive Strategy*, identifica cinco de tales fuerzas. "Las cinco fuerzas competitivas (ingreso de un nuevo competidor, intento de sustitución, poder de rebaja de los compradores, poder de rebaja de los proveedores y rivalidad entre los proveedores actuales) refleja el hecho de que la competencia en una industria va más allá de los jugadores establecidos. Los clientes, los proveedores, los sustitutos y los rivales potenciales son todos "competidores" de empresas de la industria, y pueden ser más o menos importantes dependiendo de las circunstancias particulares. La competencia en un sentido más amplio puede denominarse rivalidad extendida."[1] Recomiendo la lectura del libro de Porter si se desea conocer con mayor profundidad la estrategia competitiva. Es importante reconocer estas diferencias entre las fuerzas competitivas cuando se comienzan a identificar los asuntos críticos potenciales.

En seguida aparecen algunas posibles oportunidades que pudieran tenerse en cada una de las cuatro grandes categorías:

Mercados y clientes
Necesidad de colocar productos en el sureste asiático
Territorio virgen para nuestra industria en China
"Productos de la posguerra" (alrededor de los años cincuenta)
Mayor uso de Internet

Industria y gobierno
Mayor visibilidad de nuestra industria
Demanda de estándares controlados
Mercado potencial en las nuevas reglamentaciones
Mercadeo de la asociación comercial en las industrias

Competencia
Expansión del potencial de mercado por nuevos competidores
Extensión financiera de algunos competidores (potencial de adquisición)
Problemas técnicos de calidad de algunos competidores
Rotación alta de personal en algunos competidores

Tecnología
Uso de la robótica para reducir costos
Situación tecnológica en rápida expansión
Mayor disponibilidad de talleres de trabajo técnico
Acceso más expedito a los mercados internacionales

- *Amenazas* son eventos o circunstancias que pueden ocurrir en el mundo exterior y que pudieran tener un impacto negativo en el futuro de la empresa o institución; tienden a aparecer en las mismas cuatro grandes categorías que las oportunidades. Lo irónico es que, con un enfoque creativo, muchas amenazas llegan a tornarse en oportunidades; las que no estén en este caso pueden minimizarse con una planeación cuidadosa. Intente imaginar cómo se tornarían algunas de las siguientes amenazas en oportunidades:

Mercados y clientes
Reducción de los principales segmentos de mercado
Restricciones comerciales en algunos mercados extranjeros
Los clientes se vuelven más exigentes
Falta de reconocimiento del valor del producto por parte de los consumidores

Industria y gobierno
Énfasis en la protección al riesgo del consumidor
Mayores controles gubernamentales
Posible nacionalización de la industria en algunos países
Mayores impuestos y menores deducciones

Competencia
Presiones de precio por los competidores actuales
Varios proveedores se vuelven competidores
Algunos clientes pasan a ser competidores
Nuevos competidores locales en mercados extranjeros

Tecnología
Algunos productos se han vuelto obsoletos
Costosas adaptaciones para aprovechar la nueva tecnología
La tecnología en propiedad de los competidores
Efectos secundarios inesperados de la tecnología

La evaluación de FLOA ayudará a identificar asuntos que podrían beneficiarse del proceso de análisis de asuntos críticos que explicaremos al final de este capítulo.

¿Cómo efectuar una evaluación de FLOA?

Al inicio la evaluación de FLOA será principalmente un proceso intuitivo, aunque en algún momento se llegará a la conclusión de que se requiera más información para comenzar a identificar factores específicos bajo cada clasificación. He encontrado que la forma más eficaz de comenzar es con una sesión de lluvia de ideas con todos los miembros del equipo directivo. Aunque los ejemplos mostrados aquí se enfocan principalmente en factores que afectan a toda una institución o empresa, el proceso se aplica por igual al nivel de división, departamento o de unidad. También puede resultar que la conducción de una Evaluación de FLOA sea un ejercicio útil en la planeación táctica, pero su mayor beneficio se refiere a la identificación de los asuntos estratégicos.

1.   Se necesita un facilitador hábil para este trabajo, de preferencia alguien que no tenga un interés comprometido en el resultado. El trabajo del facilitador es informar, conservar el flujo del proceso, motivar a los miembros "pasivos" del equipo y controlar a aquellos que tiendan a dominar.

2.   La evaluación debe efectuarse al inicio del trabajo de planeación a largo plazo, de preferencia en un lugar alejado de las oficinas de la institución para evitar las distracciones. Puede seguir o preceder a los trabajos de identificación de las ARC.

3.   En lo personal, prefiero usar dos rotafolios para este ejercicio, aunque igualmente puede realizarse usando transparencias, un pizarrón, o un medio computarizado más complejo. Es importante que las aportaciones sean visibles para todos los participantes durante todo el ejercicio de lluvia de ideas; por esta razón prefiero usar rotafolios, ya que pueden pegarse las hojas en las paredes.

4.   Por lo general comienzo con la identificación de las fuerzas de la empresa o institución, animando a los participantes a expresar sus ideas sin importar si éstas pueden o no ser viables; una idea que no sea viable puede dar lugar a otras ideas que sí lo sean. Además, enfocándose en las fuerzas, el equipo tiende a entrar en una estructura mental de lo que "puede hacerse", lo que hace al resto del proceso de lluvia de ideas más fácil y eficaz. La única pregunta o discusión que se permite en la fase inicial es la aclaración de significados.

5.   En seguida pasaremos a las limitaciones, con la advertencia de que no representan necesariamente debilidades, sino solamente falta de alguna fuerza. Al reducir o eliminar los asuntos de evaluación, este enfoque puede ser una forma productiva de obtener un balance realista entre las fuerzas y las limitaciones. De acuerdo a mi experiencia, muchas organizaciones terminan haciendo una lista mayor de fuerzas que de limitaciones (lo cual por sí mismo significa que se trata de una empresa o institución saludable). La observación de las fuerzas y las limitaciones ayudará a determinar cómo se puede sacar ventaja de las oportunidades potenciales que pronto se harán notar.

6.   En este punto pongo a discusión ambas listas e invito a los participantes a hablar a cerca de los méritos o deméritos de cada una de las contribuciones enumeradas. Consolidamos las ideas y eliminamos aquellas que en forma obvia no sean relevantes. No tratamos de abordar la manera de manejarlas; esto se hará posteriormente, durante la fase de análisis. Nuestro propósito en esta etapa es solamente identificar los asuntos potenciales.

7.   El siguiente paso es someter a lluvia de ideas las oportunidades potenciales mediante las cuatro categorías identificadas anteriormente. Las oportunidades representan la fuente más importante de asuntos estratégicos críticos. Anime a los miembros de su equipo a contribuir con ideas aun cuando tengan dudas acerca de su validez; es completamente permitido en esta etapa especular en lo que podría ocurrir si pudiera convertirse en una oportunidad.

8.   En seguida se identifican las amenazas potenciales, nuevamente mediante las cuatro categorías identificadas anteriormente. Algunas de las oportunidades identificadas pueden también plantear amenazas. Al igual que en las oportunidades, los miembros del equipo deben identificar las amenazas potenciales sin poner tanta atención acerca de su veracidad; es mucho más fácil eliminar ideas inapropiadas durante la discusión que agregar aquellas que pudieran haberse pasado por alto.

9.   El análisis de la lista de oportunidades y amenazas debe centrarse en aquellas ideas que muestren tener el mayor impacto, ya sea positivo o negativo, en el futuro de la empresa o institución. Recomiendo que se enfoque especialmente en amenazas que puedan convertirse en oportunidades. Nuevamente no es necesario

determinar cómo enfrentar alguna de las ideas de este punto; espere hasta que se hayan clasificado los asuntos antes del análisis.

Deben permitirse al menos dos horas para todo el trabajo de lluvia de ideas, y posiblemente lleguen a ser hasta veinticuatro horas. Esta actividad será la mejor forma de identificar los asuntos durante este paso inicial del análisis de asuntos críticos. El mismo proceso puede aplicarse a nivel de unidad, aun cuando las aportaciones tendrán un enfoque más estrecho.

¿En qué consiste el análisis de asuntos críticos?

Hay cuatro pasos iniciales:

1. *Identificación de los asuntos estratégicos potenciales.* Un asunto estratégico crítico es un evento actual o anticipado, situación o tendencia que tendrá un importante impacto en el desempeño de la misión, la visión y la estrategia, y que no puede concluirse completamente en el lapso de un año. El primer y más obvio paso en el proceso de análisis es identificar tales asuntos. La evaluación de FLOA ayudará en este paso; sin embargo, se necesita ampliar el pensamiento para determinar si hay asuntos potenciales adicionales que no hubieran surgido durante dicho proceso. El mismo proceso puede aplicarse a la identificación de asuntos estratégicos críticos a nivel de unidad; sin embargo, tendrán un enfoque más estrecho y relacionado directamente con los papeles y misiones de la unidad. Además algunos de los asuntos que necesitan abordarse en la unidad pueden ser enviados de la administración de alto nivel como parte de su análisis de asuntos críticos.

Cuando se han identificado un número relativamente grande de asuntos, puede ser útil agruparlos bajo su correspondiente AEC a fin de reducir los traslapes y facilitar el establecimiento de prioridades.

2. *Orden de prioridades de los asuntos.* Se determinan los primeros cinco a diez asuntos estratégicos importantes, aquellos que se observa que tendrán el mayor impacto. Al enfocarse en un menor número de asuntos realmente vitales, se tiene mucho más certeza de aquellos asuntos que recibirán la atención que merecen. Otros asuntos identificados deben ser eliminados en alguna forma, ya sea asignándolos a unidades específicas, posponiéndolos para revisiones posteriores o descartándolos.

3. *Análisis de los asuntos.* Este es el paso más crítico en el proceso de análisis; abarca tanto la validación de un asunto particular como la creación de las formas más eficaces de abordarlo. Aunque algunos asuntos críticos pueden abordarse en un grado considerable durante la reunión en la cual se identifican por primera vez, la mayoría requerirá una importante cantidad de investigación y análisis adicionales más allá de la reunión planeada, con informes que dan lugar a una reunión posterior. La responsabilidad de tal investigación y análisis necesita ser asignada a un integrante del equipo directivo antes de terminar la reunión inicial; dicho elemento será el *líder* en este asunto en particular, y será él quien se asegurará de que la investigación reciba la atención requerida.

4. *Resumen de los asuntos.* Después de concluida la investigación y el análisis, necesitan resumirse las conclusiones específicas y los cursos de acción en una forma que se simplifiquen para preparar los objetivos a largo plazo y los planes estratégicos de acción. Tales pasos se verán con detalle en la siguiente sección.

¿Cómo efectuar nuestro análisis de asuntos críticos?

1. *Identificación de asuntos estratégicos potenciales.* Ya he expuesto antes que la forma más efectiva que he encontrado para identificar los asuntos críticos es a través de la evaluación de FLOA. Cuando se efectúa en forma adecuada, ésta ayuda a identificar la mayoría de los asuntos realmente críticos; sin embargo, en especial en las áreas de oportunidad, quizá sea necesario llevar a cabo alguna investigación adicional que incluya el muestreo del mercado, sondeos con los clientes, estudios tecnológicos, análisis de competidores actuales y potenciales, análisis de la industria y una gran cantidad de otras metodologías de investigación (para conservar la naturaleza breve de este libro, no las describo aquí; si se está interesado, véase la sección de *Fuentes de consulta* de este libro, así como otros libros y publicaciones que muestren las metodologías y las técnicas de su interés).

Como alternativa a la evaluación de FLOA podría elegirse pedir a los miembros del equipo de planeación que resuelvan un cuestionario, ya sea previamente o durante la primera parte de la primera reunión de planeación a largo plazo. Las respuestas individuales a este cuestionario pueden compararse y consolidarse en una lista de asuntos potenciales relacionados con toda la empresa o institución o con una unidad específica. Haga su propia lista con preguntas como:

- ¿Cuáles son las primeras cinco a diez oportunidades criticas o retos que nuestra empresa o institución (o unidad) necesita resolver durante los próximos cinco años? ¿Qué impacto tendrá cada uno de tales asuntos en el cumplimiento de nuestra misión, visión y estrategia?

- ¿Qué asuntos considera que tienen mayor efecto en nuestra rentabilidad y crecimiento a largo plazo?

- ¿Qué posiciones futuras necesitan considerarse en relación con los mercados y clientes, la industria o el gobierno, la competencia, la tecnología, el potencial humano, la capacidad del proceso, los productos o servicios o los requerimientos financieros?

- ¿Qué datos e información tiene o puede obtener que ayuden a evaluar y abordar esos asuntos potenciales.

2. *Prioridades de los asuntos.* Se muestra una técnica sencilla pero eficaz para identificar los primeros cinco a diez asuntos importantes que deben considerarse o al menos analizarse a fin de desempeñar la misión, la visión y la estrategia:

- Primero enumere los asuntos potenciales bajo la AEC correspondiente. Si se aplica más de una AEC coloque el asunto bajo aquella que tenga el mayor impacto. Combine aquellos asuntos que estén claramente relacionados y elimine aquellos que sean tácticos (que pudieran resolverse dentro del lapso de un año) o que no sean significativos; esto reducirá la lista hasta un tamaño manejable, por decir de quince a veinte asuntos.

- Pida que cada uno de los miembros del equipo evalué mediante una clasificación A-B-C los asuntos que quedaron en la lista, destinando la A para los asuntos que claramente deban ser considerados, la B para asuntos en los que se requiera más información antes de tomar una decisión y la C para asuntos que pudieran asignarse a un departamento o una unidad específica, postergarse para tomarse en cuenta después o descartarse sin afectar marcadamente el trabajo de la planeación a largo plazo. Puede elegirse limitar la cantidad de asuntos dentro de cada categoría (como un tercio para cada una). La figura 4.1 es una hoja de trabajo que puede emplearse con este propósito.

- Sobre una réplica de la figura 4.1 que esté a la vista de todos, registre la cantidad de elecciones individuales bajo cada clasificación.

- Recopile una lista de prioridades tentativas basada en la cantidad y la naturaleza de las respuestas. En donde por consenso se requiera de información adicional, escriba en la columna "Qué, Quién y Cuándo" la información requerida, el nombre de la persona encargada y cuándo será proporcionada tal información. La figura 4.2 proporciona un ejemplo de una hoja de trabajo de prioridades ya terminada.

- Analice los asuntos para asegurar la aceptación del equipo sobre las prioridades tentativas y determinar cuándo se reunirán nuevamente para obtener el acuerdo final.

3. *Análisis de los asuntos.* Alguno de los asuntos clasificados como "A" pueden servir inmediatamente para un análisis en grupo, ya sea como una parte o como un todo. Otros asuntos "A" así como aquellos clasificados como "B" pueden asignarse más apropiadamente a un miembro del equipo para completar la obtención de datos y el análisis inicial por separado, y para que presente un informe en una reunión posterior cuando el equipo pueda abordar tales asuntos en forma más directa a través de la información que se presenta. En cualquier caso, he encontrado que es más útil emplear el siguiente formato para analizar y estudiar un asunto específico:

- Usar la hoja de trabajo mostrada en la figura 4.3, anotar el *asunto potencial o percibido,* teniendo en mente que ningún asunto será valido hasta que se tengan datos para sustentarlo. Conforme se proceda con el análisis, puede determinarse que el asunto real que necesita analizarse es diferente del asunto percibido; por ejemplo, una oportunidad percibida tal como "la necesi-

Figura 4.1   Hoja de trabajo de prioridades en la evaluación de FLOA

	Ponderación A B C	Qué, Quién y Cuándo
Fuerzas		
Limitaciones		
Oportunidades		
Amenazas		

Figura 4.2 Ejemplo terminado de hoja de trabajo de prioridades en la evaluación de FLOA

	Ponderación A B C			Qué, Quién y Cuándo
Fuerzas				
Equipo técnico innovador	✓			
Fuerza de ventas dinámica	✓			
Equipo moderno		✓		Evaluación de equipo, fabr.VP,2/15
Sistema de calidad total			✓	
Buena imagen de las marcas	✓			
Adecuado servicio al cliente	✓			
Adecuadas reservas de efectivo		✓		
Excelente línea de crédito		✓		
Limitaciones				
Falta de un equipo de ventas internacionales		✓		Evaluación de requerimientos, ventas VP,2/15
Falta de respaldo ejecutivo	✓			
No hay representante en el sureste asiático	✓			
Velocidad del mercado muy baja		✓		Analizar flujo de investigación y desarrollo, Inv. Des. VP, 2/15
Necesidad de flexibilidad		✓		Estimar necesidades del mercado, Fabr. VP, 2/15
Necesidad de fragmentar por producto			✓	
Insuficiente inversión en investigación y desarrollo			✓	
Presión por aumentar las utilidades			✓	
Oportunidades				
Necesidad de productos en el sureste asiático	✓			
Mayor uso de Internet		✓		
Industria más visible			✓	
Estándares controlados		✓		
Los nuevos competidores hacen mercado		✓		Estimar el Impacto Potencial, Fabr. VP, 2/22
Ampliación de competidores		✓		
Uso de la robótica		✓		Estimar potencial, Inv. y Des. VP, 2/22
Acceso internacional más expedito	✓			
Amenazas				
Reducción del tamaño de mercado	✓			
Restricciones comerciales internacionales		✓		
Mayores controles gubernamentales		✓		
Posible nacionalización		✓		
Proveedores como competidores		✓		Estimar el impacto potencial, Fabr. VP, 2/22
Clientes como competidores		✓		Estimar el impacto potencial, Fabr. VP, 2/22
Productos que se han vuelto obsoletos		✓		

dad de colocar nuestros productos en el sureste asiático" puede a su vez ser viable solamente en Indonesia, Malasia y Tailandia.

- En seguida, identificar lo datos específicos o la información que ya se tenga o que se necesite obtenerse para (1) validar o invalidar el asunto potencial o percibido como real y (2) comenzar a identificar las formas de abordarlo. La diferencia importante aquí es que el enfoque está en los *datos*, no en la opinión "¿qué prueba tangible hay para justificar la inversión de tiempo y de otros recursos en abordar tal asunto?"

- Estimar posteriormente las *posibles razones* por las que sea o pudiera ser un asunto estratégico válido. Es correcto valerse de la opinión, puesto que algunos datos quizá no estén disponibles; por supuesto, es más útil una opinión respaldada con datos. La evaluación de los asuntos estratégicos está enfocada en *razones*, puesto que muchos de ellos estarán basados en oportunidades percibidas (por el contrario, la planeación táctica se enfocará en *causas*, puesto que la mayoría de tales asuntos estarán basados en problemas percibidos). Por ejemplo, las posibles razones para "la necesidad de colocar nuestros productos en el sureste asiático" seria:

  Un notable crecimiento económico de los países elegidos

  Reubicación de algunos fabricantes de equipo original de nuestra industria en tales países

  Creciente demanda de productos de estilo occidental

  Potencial de alianzas estratégicas con compañías que tienen sede en esa región

- Anotar posteriormente una o más conclusiones del análisis que ayuden a enfocarse en las posiciones futuras que se desearían lograr, las que se reflejarían en los objetivos a largo plazo. Por ejemplo, las conclusiones del asunto del sureste asiático podrían ser:

  Tenemos el potencial de llegar a ser un proveedor principal de nuestra industria en los países del sureste asiático.

  Necesitamos establecer una sucursal para nuestros productos y servicios en esa región.

Se requerirá una gran inversión si se establece una planta manufacturera en esa región.

Unas oficinas de ventas y mercadeo también requerirán de entendimiento y que tengan acceso a los países elegidos en esa región.

- Puesto que normalmente hay una gran variedad de formas alternas de abordar un asunto, deben explorarse las más posibles antes de enfocarse en uno o más de los asuntos específicos. Algunas alternativas para abordar el asunto del sureste asiático podrían incluir:

Enfocarse en un solo país, como Malasia, en donde la oportunidad inicial parezca mayor

Enfocarse en varios países, como Indonesia, Malasia y Tailandia, que pudieran ser atendidos desde un mismo lugar

Establecer una planta manufacturera o un centro de distribución en uno o más de los países elegidos

Comprar y adaptar una planta manufacturera o un centro de distribución en la región

Establecer una alianza estratégica con un fabricante, un distribuidor y un empresa de mercadeo y ventas de la región

Contratar representantes de ventas en la región

- Por último, identificar quién será el *líder* para este asunto específico, la persona que realice la investigación y el análisis adicionales que se requieran y se encargue de que el asunto continúe recibiendo la atención necesaria.

4. *Resumen de los asuntos.* Una vez que se ha concluido el análisis, es necesario determinar qué conclusiones y opciones tienen el mayor potencial para ser consideradas eficazmente como asunto crítico. Pueden tomarse estas decisiones con base en la investigación y el análisis que ya se hayan realizado, o quizá se necesite entrar en más detalles, posiblemente hasta el grado de preparar un plan por separado (como en el ejemplo del sureste asiático) antes de poder tomar una decisión. El resumen de estas decisiones

---

Figura 4.3   Análisis de asuntos estratégicos críticos

Asunto potencial o percibido:

Datos e información:

Posibles razones:

Conclusiones:

Formas alternas de abordar el asunto:

Líder:

---

proporcionará la base para establecer los objetivos a largo plazo y crear el plan estratégico de acción.

Ejemplo de un asunto estratégico crítico para la institución total

Hace varios años fui consultor de un gran hotel ubicado en una zona turística popular; en ese tiempo era en la zona el único hotel con centro de convenciones capaz de manejar reuniones de hasta 1,500 personas. Un hotel cercano acababa de iniciar la construcción de su propio centro de convenciones para grupos de un tamaño similar, y otros dos hoteles cercanos se mostraban muy interesados en inversiones similares. Al inicio, el hotel para el que trabajaba vio estas iniciativas como *amenaza* a su posición en el mercado, hasta que comenzó a verlas como *oportunidad* de abrir su propia área geográfica de destinos con alto potencial para organizar convenciones con cientos de asistentes, lo cual crearía el potencial de negocios colaterales para todos. En consecuencia adoptaron la filosofía que expresa Cavett Robert, presidente emérito de la Asociación Nacional de Conferencistas, cuando alguno de sus colegas expresaba preocupación porque los nuevos conferencistas "tomaban una rebanada del pastel". Decía él: "No nos preocupemos de eso; trabajemos juntos para elaborar un pastel más grande."

La figura 4.4 contiene una versión muy simplificada de una aplicación del proceso de análisis de asuntos críticos a la situación del centro de convenciones; no identificaré los hoteles en los que ocurrió, puesto que se han tomado ciertas libertades modificando los ejemplos a fin de ilustrar el proceso.

¿Cómo usar el análisis de asuntos estratégicos críticos con un departamento de proyectos estratégicos?

Una creciente compañía de biotecnología no avanzaba en sus planes de expansión por causa de una inadecuada capacidad de investigación. El subdirector de investigación y desarrollo tenía la responsabilidad de enfrentar esta situación para hacerla cambiar. La figura 4.5 contiene una versión condensada y editada de cómo el

---

Figura 4.4   Ejemplo de análisis de asuntos críticos

Asunto potencial o percibido:

Los nuevos competidores pueden aumentar el potencial de mercado: "Hagamos un pastel más grande".

Datos e información:
- Nuestro hotel es el único en nuestra zona geográfica con instalaciones capaces de manejar convenciones de hasta 1,500 asistentes.
- El hotel X tiene recursos asignados para desarrollar una capacidad de convenciones similar.
- Los hoteles Y y Z vienen investigando rápidamente el potencial para aumentar sus locales de convenciones.
- Hemos recibido cinco solicitudes en los pasados seis meses de organizaciones que desean locales para convenciones con más de 2,000 asistentes.
- Hay al menos cincuenta asociaciones nacionales e internacionales que tienen reuniones anuales con más de 5,000 asistentes.

Posibles razones:
- Nuestra zona se conoce principalmente como destino vacacional, y la mayoría de los trabajos de promoción de la Oficina de Convenciones y Visitantes, así como de los hoteles locales, se han enfocado en esta imagen.
- Históricamente, los hoteles en nuestra zona no han cooperado en esfuerzos conjuntos para atraer grandes convenciones.
- Los intentos anteriores por ampliar la promoción de convenciones, incluyendo el posible desarrollo de un centro de convenciones, se han enfrentado con fuerte oposición del gobierno local y de la comunidad empresarial.
- Al parecer el transporte y otros costos o anexos son muy altos para las grandes convenciones.

Conclusión:

Necesitamos contar con liderazgo, así como una gran inversión financiera para el desarrollo de nuestra zona geográfica como principal destino para grandes convenciones. Esto requerirá de la cooperación activa de los principales hoteles de la zona, así como del gobierno local, la comunidad empresarial y la Oficina de Convenciones y Visitantes.

Formas alternas de abordar el asunto:
- Formar una coalición con otros hoteles que compartan el mismo interés.
- Reforzar la función de la Oficina de Convenciones y Visitantes.
- Promover el desarrollo de un centro de convenciones (que podría estar apoyado por instalaciones hoteleras)
- Conseguir el apoyo del gobierno local y los líderes empresariales, poniendo de relieve los beneficios económicos y políticos que se ganarían con un aumento del sector de convenciones, así como las responsabilidades asociadas.

Líder: Director General

Figura 4.5   Ejemplo de análisis de asuntos críticos con un proyecto departamental

Asunto potencial o percibido:

Inadecuada capacidad de investigación.

Datos e información:
- Nuestro laboratorio de investigación no tiene espacio para ampliar sus instalaciones actuales.
- Contamos con cuatro investigadores calificados en el equipo.
- La proyección de sacar nuevos productos en los planes a largo plazo de nuestra compañía requiere un mínimo de siete a ocho investigadores calificados.
- Dos investigadores se han retirado en los pasados años (uno se fue a la universidad y el otro con la competencia).
- El competidor X ha sacado diez nuevos productos este año; nosotros sólo seis.

Posibles razones:
- Las instalaciones del laboratorio de investigación y su equipo son inadecuados.
- Los científicos calificados en nuestra industria son difíciles de encontrar.
- El paquete de prestaciones de los competidores para los investigadores es más atractivo que el nuestro.
- Carecemos de un científico reconocido en el equipo para atraer a otros.
- La política de nuestra compañía en el pasado era mantener un equipo "regular".

Conclusiones:
- Necesitamos ampliar y mejorar nuestro laboratorio de investigación; esto requerirá de espacio adicional separado del resto.
- Necesitamos reclutar pronto un mínimo de tres a cuatro investigadores calificados durante los próximos dos años, incluyendo al menos uno que tenga reconocimiento en nuestra industria; esto requerirá que se revalúe la estructura de evaluaciones para el equipo de investigadores actuales y para los candidatos.
- Adquirir un pequeño laboratorio de investigación ya existente, incluyendo su personal.
- Construir o rentar instalaciones para un nuevo laboratorio.

Formas alternas de abordar el asunto:
- Establecer una alianza estratégica con un laboratorio de investigación independiente o situado en una universidad.
- Contratar una empresa de selección para localizar posibles candidatos.
- Elaborar un paquete de prestaciones creativo diseñado para atraer candidatos del nivel que estamos buscando.

Líder: Subdirector de investigación y desarrollo.

departamento empleó el proceso de análisis de asuntos críticos para enfrentar la situación.

La compañía adquirió posteriormente un laboratorio pequeño en otra parte del país y contrató como director a un prestigiado científico de una universidad, con un paquete de prestaciones que incluía la posesión de acciones y la oportunidad de efectuar algunas investigaciones por su cuenta.

Resumen

- La identificación y el análisis de los asuntos estratégicos críticos es crucial para el proceso eficaz de los planes a largo plazo. Proporciona los datos y las justificaciones para establecer prioridades estratégicas, determinar los objetivos a largo plazo y preparar los planes estratégicos de acción.

- Una evaluación de FLOA (lo cual significa "Fuerzas, Limitaciones, Oportunidades y Amenazas") ayuda a identificar los asuntos, las oportunidades y los retos que deben analizarse conforme se preparan los planes a largo plazo.

- Un asunto estratégico crítico es un evento, situación o tendencia actual o anticipada que tendrá un gran impacto en el desempeño de la misión, la visión y la estrategia, y que no pueda resolverse en el lapso de un año.

- La limitación en la cantidad (entre cinco y diez) de asuntos estratégicos vitales hará mucho más notorios aquellos asuntos que reciban la atención que merecen.

- El proceso de análisis incluye: el examen de los datos y la información (con hechos, no sólo con opiniones) que evalúen el asunto o ayuden a abordarlo; la identificación de posibles razones por las cuales surja un asunto (puede incluir tanto opiniones como hechos), y el planteamiento de conclusiones acerca del asunto y las distintas formas de afrontarlo.

- Cada asunto crítico que permanezca activo necesita un líder, alguien que efectúe las investigaciones adicionales necesarias, además de analizar y asegurarse de que el asunto reciba la atención que requiera.

- Un resumen de las conclusiones y las opciones que tengan el mayor potencial para afrontar eficazmente el asunto crítico servirá como base para la determinación de los objetivos a largo plazo y la preparación de los planes estratégicos de acción.

Habiendo determinado las AEC e identificado, ordenado, analizado y resumido el grupo de asuntos estratégicos críticos, se logran las condiciones para proceder a la determinación de los objetivos a largo plazo, lo que se presenta en el siguiente capítulo.

Nota

1. Michael E. Porter, *Competitive Strategy: Techniques for analyzing Industries and Competitors* (Nueva York: The Free Press, 1980), p. 6.

CAPÍTULO CINCO

¿Cuáles deben ser nuestras posiciones futuras?

Determinación de los Objetivos a Largo Plazo

Los objetivos a largo plazo son una forma de documentar los sueños.

¿Sueños? Eso suena a broma. Se supone que los objetivos son medibles y verificables, y deben representar resultados específicos hacia los que estén dirigidos, ¿no es así?

En ocasiones sí, pero no siempre. Los objetivos a largo plazo representan las posiciones estratégicas que desean alcanzarse en algún momento del futuro. La decisión del presidente Kennedy al inicio de la década de los sesenta de que al final de ésta se colocaría un hombre en la Luna y se lo regresaría sano y salvo es un clásico ejemplo de un sueño estratégico que capturó la imaginación de una nación y llegó a ser una realidad increíble.

¿Cuáles son los objetivos a largo plazo y por qué son importantes?

Los objetivos a largo plazo (OLP) por lo general describen lo que la institución o empresa quiere o tiene que lograr en el futuro, normalmente dentro de unos tres a cinco años (aunque para algunos casos el horizonte puede ser mayor). Aunque deben tener cierto grado de medición, diferirán considerablemente de los objetivos a corto plazo o tácticos, como veremos poco más adelante. También incluyen las *proyectos financieros*, puesto que todos los OLP tienen implicaciones financieras y todos las proyectos financieros deben estar respaldados por otro OLP.

Al lograrse acuerdos acerca de los OLP, el equipo contará con ayuda para:

* Enfocar los esfuerzos en alcanzar las posiciones futuras que permitirán cumplir con la misión, visión y estrategia.

- Traducir las conclusiones del análisis de asuntos críticos en objetivos significativos.

- Establecer los planes estratégicos de acción apropiados para alcanzar dichos objetivos, planes que puedan servir como base para determinar algunos de los objetivos a corto plazo del plan táctico.

- Comunicar las expectativas a todos los interesados (empleados, clientes, proveedores, accionistas).

¿En qué difieren los objetivos a largo plazo de los objetivos a corto plazo o tácticos?

Los OLP representan las posiciones futuras que deben alcanzarse; los objetivos a corto plazo especifican resultados medibles que deben cumplirse dentro del lapso de duración del plan táctico. Los OLP además

- Son declaraciones amplias de intención que producirán varios resultados específicos

- Representan con frecuencia lo que James C. Collins y Jerry I. Porras, en su libro *Built to Last: Successful Habits of Visionary Companies,* llama metas que requieren esfuerzos extraordinarios[1]

- Pueden establecerse sin necesidad de saberse cómo van a ser alcanzados

- Requieren por lo general esfuerzo interdisciplinario

- Por lo general, no identifican factores de costo

¿Cómo se originan los objetivos a largo plazo y cómo se seleccionan?

Los OLP requerirán pasar primero por las AEC (Areas Estratégicas Críticas, o KSA, por sus siglas en inglés) y/o el análisis de asuntos críticos. Algunos objetivos a largo plazo resultarán obvios una vez identificadas las AEC. Ciertos objetivos pueden ser señalados o ampliamente recomendados por el grupo de directivos, compañías asociadas u otra entidad de alto nivel, mientras que algunos otros pueden representar decisiones tomadas por el equipo administrativo, siendo en tal caso la escritura de los OLP una formalización de dicha decisión. Aquí se muestra un formato simple para identificar los OLP de esta manera, seguido por algunos ejemplos de OLP que pudieran derivarse directamente de las AEC siguiendo este enfoque (la figura 5.3 al final del capítulo contiene una hoja de trabajo combinada para enumerar los OLP relacionados con las AEC):

1. Identificar las áreas clave estratégicas que requieran objetivos a largo plazo a fin de cumplir con la misión, la visión y la estrategia. Limitar las AEC a un máximo de seis a ocho.
2. Identificar dentro de cada AEC la posición potencial futura que acercará a la institución o empresa al cumplimiento de la misión, visión y estrategia; estos son los OLP potenciales.
3. Seleccionar los primeros seis a ocho OLP que tengan el mayor impacto en el futuro. Cuidando sea aplicable, escríbanse en el formato "Tener (o llegar a) [una posición futura] para el [año]".

Áreas Estratégicas Críticas	*Objetivos a Largo Plazo*
Proyecciones financieras	Lograr 100 millones de dólares de utilidad total en el [año]
	Lograr un mínimo de retorno anual del capital invertido de 20 por ciento en el [año]
Futuras posiciones de mercado	Ser el proveedor principal de [cierto] producto o servicio para [cierto] mercado en el [año]
	Tener al menos 20 por ciento de utilidades en el [año] con mercados que no se habían aprovechado antes
Tecnología futura	Contar con un edificio de investigación en [tecnología] para el [año]

Productos y servicios futuros	Tener al menos 20 por ciento de ventas de nuevos productos (o servicios) en el [año]
Expansión mundial	Ser una corporación internacional con un mínimo de 30 por ciento de ganancia neta de las fuentes extranjeras en el [año]

El otro gran punto de origen para los OLP es el proceso de análisis de asuntos críticos. Puesto que no hay OLP predeterminados para los asuntos críticos identificados (de otra forma no sería necesario hacer el análisis), las conclusiones y formas alternativas de abordar cada asunto deben proporcionar la mayor parte de lo que se necesita para determinar las posiciones futuras que deben alcanzarse. Si el OLP obtenido de esta manera va a formar parte del plan estratégico, puede adicionarse en apoyo la AEC apropiada, siguiendo el formato que se acaba de analizar (y que se muestra en la figura 5.3, página 60), además de usarse la hoja de trabajo terminada del análisis de asuntos críticos (figura 4.3) como información de respaldo. Si el asunto crítico se analiza con base en un proyecto y no se incluirá como parte formal del plan estratégico, recomiendo terminar como documento oficial la hoja de trabajo que se muestra en la Figura 5.1, página 58.

En seguida se muestran algunos ejemplos de OLP que resultaron del análisis de asuntos críticos, y también algunos ejemplos que pudieran ser apropiados para ciertos departamentos o unidades:

Objetivos a Largo Plazo de toda la Organización

Asunto Crítico	*Objetivo a Largo Plazo*
Necesidad de nuestros productos en el sureste asiático	Tener un centro de distribución rentable en el sureste asiático a más tardar para el [año]
Los competidores nuevos pueden ampliar el potencial de mercado	Tener al menos cinco grandes convenciones (de unos dos mil asistentes cada una) reservadas

	para el [año] como resultado de la actividad cooperativa con otros hoteles
Restricciones comerciales en ciertos mercados extranjeros	Genera un mínimo de ganancias de 10 millones de dólares en [el país] para extranjeros el [año] como resultado de la alianza estratégica con una compañía ubicada en ese lugar

Objetivos a Largo Plazo por departamento o unidad

Asunto Crítico	*Objetivo a Largo Plazo*
Necesidad de mayor flexibilidad en el diseño	Ser fabricante de productos sobre especificaciones del cliente en al menos 50 por ciento de nuestras operaciones de manufactura para el [año]
Mayor uso de Internet	Obtener al menos 20 por ciento de nuestras ganancias como resultado de las respuestas por Internet para el [año]
Necesidad de nuevas fuentes de materia prima	Lograr acuerdos con al menos cuatro fuentes adicionales de materia prima para el [año]

¿Cómo evaluamos nuestros objetivos a largo plazo?

Como una verificación final de los OLP, recomiendo probar cada afirmación contra uno o todos los siguientes criterios:[2]

1. *¿Es medible o verificable?* ¿Las personas afectadas serán capaces de identificar la posición cuando se haya alcanzado? Por ejemplo, el OLP "llegar a ser el principal proveedor" necesita medirse por participación del mercado u otro indicador similar; además la información de este resultado debe ser fácilmente accesible.

2. *¿Es alcanzable o posible?* Aun cuando el OLP necesita representar un reto significativo, no tiene caso establecer uno que claramente sea imposible de alcanzar. ¿Qué grandes esfuerzos o cambios críticos deben hacerse con el fin de lograr la posición? ¿Qué probabilidad hay de que ocurran tales cambios? Las respuestas a estas preguntas suelen requerir abordar situaciones de potencial humano, recursos financieros, otras prioridades, impacto de la competencia o influencias externas. Quizá el plan estratégico de acción para cierto OLP necesite perfeccionarse antes de determinar completamente si es o no posible o alcanzable (véase el enfoque de árbol de decisión en el capítulo seis).

3. *¿Es flexible o adaptable?* Por causa de la gran cantidad de factores desconocidos, cualquier OLP que se establezca debe ser lo suficiente flexible para tomar en cuenta las circunstancias cambiantes y las nuevas oportunidades. Por ejemplo, establecer un objetivo a cinco años no necesariamente significa que debe terminarse durante esos cinco años; conforme transcurre el proceso anual de actualizar los planes a largo plazo, el OLP puede requerir modificaciones que reflejen la información actualizada.

4. *¿Es consistente con el resto del plan estratégico?* ¿Este OLP acerca a la posición que se consideró al elaborar la misión, visión y estrategia.

La hoja de trabajo que aparece en la figura 5.3, en la página 60, incluye el formato descrito anteriormente y las preguntas de verificación

¿Concuerdan las suposiciones?

Aunque pueden incluirse algunas suposiciones como parte del análisis de asuntos críticos, puede resultar útil agregar algo al OLP que se base en suposiciones sobre las cuales la institución o empresa tenga poco o ningún control. Por ejemplo, el OLP "llegar a ser el principal proveedor" podría basarse en suposiciones tales como:

- Habrá una necesidad continua de estos servicios en los segmentos de mercado como lo proyectan las estadísticas industriales.

- No habrá ningún gran cambio tecnológico en la industria que pudiera volver obsoleta la necesidad por tales servicios.

Cuando los OLP se basan en suposiciones, éstas deben incluirse en el plan a largo plazo; cuando las suposiciones cambian, los OLP deben reexaminarse y pueden tener que modificarse a la luz de la nueva información.[3]

¿Cómo es una hoja de llenado apropiada para registrar un asunto crítico y los objetivos resultantes a largo plazo?

Habrá veces en las que sea particularmente apropiado seguir un asunto crítico desde su identificación a través del análisis hasta uno o más OLP y las principales acciones en una hoja de trabajo. Dicha hoja de trabajo puede usarse como material de apoyo para el plan estratégico, así como para proporcionar orientación sobre aquellos que deben trabajar en él. Puede crearse fácilmente extendiendo la hoja de trabajo para el análisis de asuntos críticos que se presentó en el capítulo cuatro (figura 4.3) como se muestra en la figura 5.1. También se incluye un ejemplo de una hoja de trabajo terminada en la figura 5.2. Obsérvese que las "Principales Acciones" en esta obra de trabajo pretenden solamente identificar los eventos importantes, no incluir un plan estratégico de acción completo, lo cual se describirá en el capítulo 6.

Figura 5.1   Análisis de asuntos críticos y plan

Asunto potencial o percibido:

Datos e Información:

Posibles razones:

Conclusiones:

Formas alternativas de abordar el asunto:

Líder:
Objetivos a largo plazo:

Suposiciones:

Principales acciones:

Figura 5.2 Ejemplo terminado de análisis de asuntos críticos y plan

Asunto potencial o percibido:
Dependencia excesiva de productos de línea.
Datos e información:
- 83 por ciento de la ganancia actual se general de los productos de línea.
- Los márgenes en los productos de línea se han reducido en 10 por ciento durante el año pasado.
- Hemos perdido 6 por ciento de nuestra participación de mercado en los productos de línea durante el año pasado por el competidor X.
- La demanda proyectada de mercado en los productos de línea se espera que disminuya un 7 por ciento anual para los próximos 3 años.
- La demanda proyectada de mercado para los productos según especificaciones del cliente se espera que aumente un 15 por ciento anual para los siguientes 3 años.
Posibles razones:
- Hemos sido el principal proveedor de productos de línea en nuestro mercado durante los pasados 5 años, lo cual nos llevo a confiarnos.
- La nueva tecnología a creado una mayor demanda de productos hechos a la medida de los requerimientos del cliente.
- En tecnología, estamos rezagados con respecto al competidor X para convertir algunas de nuestras operaciones de manufactura a operaciones sobre especificaciones del cliente.
- La mayoría de los miembros de nuestra fuerza de ventas no tienen suficiente conocimiento acerca de la nueva tecnología para vender eficazmente los productos según especificaciones del cliente.
- Las comisiones de ventas son las mismas para los productos sobre especificaciones del cliente que para los productos de línea.
Conclusiones:
- Debemos aumentar marcadamente nuestras ventas de productos especificaciones del cliente mientras mantenemos nuestra participación de mercado en productos de línea.
- Necesitamos convertir una buena parte de nuestras operaciones de manufactura para manejar productos según especificaciones del cliente; esto requerirá de una inversión en nuevos equipos y modificaciones al equipo existente.
Formas alternativas de abordar el asunto:
- Reducir las comisiones en los productos de línea.
- Aumentas las comisiones o agregar incentivos por las ventas de productos según especificaciones del cliente.
- Capacitar al equipo de ventas actual en la nueva tecnología y métodos para vender productos según especificaciones del cliente.
- Contratar nuevo personal de ventas con el conocimiento y técnicas necesarios para vender productos según especificaciones del cliente.
- Contratar representantes de ventas externos para vender productos según especificaciones del cliente.
- Adaptar las operaciones de manufactura del edificio C para manejar exclusivamente productos según especificaciones del cliente.
- Adaptar todas las operaciones de manufactura para manejar tanto productos según especificaciones del cliente como los de línea.
- Adquirir una compañía manufacturera auxiliar con la capacidad de hacer productos según especificaciones del cliente.
Líder: Subdirector de VENTAS y subdirector de manufactura
Objetivos a largo plazo:
- Tener un mínimo de 55 por ciento de ganancias a partir de los productos según especificaciones del cliente para el [año].
- Llegar a ser un fabricante de productos según especificaciones del cliente en por al menos 50 por ciento de nuestras operaciones de manufactura para el [año].
Suposiciones:
- La demanda de mercado de productos de línea y productos según especificaciones del cliente seguirá siendo consistente con nuestras proyecciones.
- Ningún otro gran competidor ingresará a nuestra industria en los próximos 3 años.
Principales acciones:
- Adaptación del edificio C a operaciones de fabricación a la medida
- Cambio de la estructura de compensaciones para activar la venta de productos según especificaciones del cliente
- Capacitación del equipo de ventas en la nueva tecnología

Figura 5.3 Hoja de trabajo para el planteamiento de objetivos a largo plazo

---

1. Identificar las áreas estratégicas crítica que requerirán objetivos a largo plazo a fin de cumplir con la misión, visión y estrategia. Limitar estas AEC a un máximo de seis a ocho.
2. Identificar dentro de cada AEC las posiciones potenciales futuras que acercarán a la institución o empresa al cumplimiento de su misión, visión y estrategia; estos son los OLP potenciales.
3. Seleccionar de seis a ocho OLP que tendrán gran impacto en el futuro. Cuando sea apropiado, redáctelos con el formato "Tener (o llegar a) [posición futura] para el [año]".

Área Estratégica Crítica   **Objetivo a Largo Plazo**

Preguntas para evaluar los objetivos a largo plazo

¿Es medible o verificable?
¿Es alcanzable o posible?
¿Es flexible o adaptable?
¿Es consistente con el resto del plan estratégico?

Resumen

- Los objetivos a largo plazo representan las posiciones estratégicas que se desean alcanzar en alg n momento determinado del futuro.

- Estos incluyen proyecciones financieras, puesto que todos los OLP tienen implicaciones financieras, y todos los proyectos financieros deben estar apoyados por otro OLP.

- Los OLP pueden establecerse sin saber necesariamente cómo se alcanzarán.

- Los OLP llegan a derivarse directamente de las áreas estratégicas críticas, o a través del proceso de análisis de asuntos críticos.

Los OLP definen lo que nos gustaría tener o llegar a ser en el futuro. Los planes estratégicos de acción, que son el tema del siguiente capítulo, ayudarán a establecer una ruta para alcanzar cada una de dichas posiciones futuras.

Notas

1. James C. Collins and Jerry I. Porras, *Built to Last: Successful Habits of Visionary Companies* (New York: HarperCollins, 1994), p. 8.
2. Adaptado de Patrick J. Below, George L. Morrisey, and Betty L. Acomb, *The Executive Guide to Strategic Planning* (San Francisco: Jossey-Bass, 1987), pp. 71-73.
3. Adaptado de Below, Morrisey, and Acomb, *The Executive Guide to Strategic Planning*, pp. 71-73.

CAPÍTULO SEIS

¿Cómo se logran alcanzar las posiciones futuras?

La preparación de los Planes Estratégicos de Acción

Los objetivos a largo plazo identifican dónde se quiere estar en un momento determinado del futuro. Como con cualquier viaje, se comienza por identificar el punto de destino y el tiempo en el que se espera llegar; pero eso no es todo. Se requiere determinar el medio de transporte y la ruta más apropiada para asegurarse llegar al destino a tiempo y en condiciones de disfrutar la estancia. También se necesita considerar el clima, las condiciones del camino y los eventos esperados e inesperados que pueden provocar detenciones, retrasos o hasta aceleraciones del recorrido; es aquí en donde interviene el Plan Estratégico de Acción (PEA nota: las siglas en inglés de PEA son, SAP, de Strategic Action Plan.)

En las primeras etapas de la planeación de la puesta en marcha de la decisión del presidente Kennedy de llevar un hombre a la Luna, resultó obvio que no sería práctico hacer que el módulo del comando Apolo descendiera en suelo lunar y tuviera que regresar a la Tierra una vez terminada la misión; esta idea condujo al diseño y la fabricación del Modulo de Excursión Lunar (LEM), una navecilla ligera en la que dos astronautas podrían descender en el suelo lunar, completar sus tareas de exploración y despegar para acoplarse con el módulo Apolo que se encontraría en órbita, antes de iniciar el viaje de regreso a la Tierra. Esta idea fue parte de un monumental Plan Estratégico de Acción (PEA).

¿Qué son los Planes Estratégicos de Acción y por qué son importantes?

Los Planes Estratégicos de Acción (PEA) identifican los principales eventos, fases o logros que deben efectuarse para alcanzar los

OLP. No representan un procedimiento detallado paso a paso; más bien se enfocan en puntos críticos que necesitan cumplirse durante el tiempo de vida del plan y comprometen la terminación de dicho plan. Al alcanzar acuerdos sobre los PEA, el equipo contará con ayuda para

- Validar o invalidar la factibilidad de lograr los OLP, incluyendo la necesidad de modificar éstos o los PEA cuando sea necesario

- Asegurarse de que los principales pasos de los PEA sean abordados con el tiempo suficiente y los recursos necesarios

- Determinar dónde deben presentarse enlaces interdisciplinarios

- Formar un puente entre los objetivos tácticos a corto plazo y los planes de acción

- Comunicar las expectativas a quienes deban contribuir con el trabajo, permitiéndoles preparar sus propios planes de acción

- Establecer una base para revisar el progreso hacia el cumplimiento de los OLP y tomar las acciones correctivas que se requieran

¿En qué difieren los Planes Estratégicos de Acción de los planes tácticos de acción?

Los Planes Estratégicos de Acción son similares a los planes tácticos en algunos aspectos . Sin embargo, los PEA tratan de identificar los principales puntos de referencia, en tanto que los planes tácticos de acción se refieren a actividades o eventos específicos a corto plazo. Los pasos en los PEA...

- Serán amplias declaraciones que puedan ser separadas por la persona responsable en planes detallados conforme se requieran

- Necesitan explorar varias opciones y proporcionar planes de contingencia apropiados

- Identificarán recursos tanto de capital como operativos según sean necesarios

- Por lo general se enfocarán en amplios lapsos de tiempo (año o trimestre específico) en lugar de fechas objetivo específicas para la terminación del paso

- Incluirán responsabilidades primarias y de apoyo

¿Qué son los árboles de decisión y cómo se emplean en la planeación a largo plazo?

Dada la naturaleza compleja así como al amplio requerimiento de tiempo asociado con muchos de los PEA, quizá no fuese posible identificar específicamente algunos de los eventos o logros necesarios hasta que se establezca el plan mismo. Pueden considerarse varias opciones con las cuales se tendrá que experimentar antes de determinar qué opción o combinación de opciones proporciona los mejores resultados, o podría no estar seguro de que el plan funcione completamente hasta terminar una fase en particular, como un análisis de mercado o un estudio de factibilidad de producción. En cualquiera de estas circunstancias, necesitan fijarse puntos de decisión, en los que se determinará si se continúa o no con el curso tomado, o si se redirigen los esfuerzos a uno o más cursos diferentes, o si se redefine o se cancela el plan por no poder concluirse como estaba estructurado. El árbol de decisión, como aparece en la figura 6.1, es una forma de ilustrar el dilema, para identificar los puntos de decisión específicos donde se tendrán que tomar decisiones por seguir, modificar o no seguir. Un árbol de decisión puede ayudar también a evitar el cierre prematuro de un aspecto; puede dejar una decisión abierta hasta que se disponga de más información acerca de cómo está funcionando el plan.

Por ejemplo, como se muestra en la figura 6.2, si el OLP es "tener un centro de distribución rentable en el sureste asiático a más tardar para el [año]", puede desearse conducir un estudio combinado de mercado y factibilidad para determinar qué países tienen el mayor potencial para una penetración inicial de mercado, así como una localización física del centro de distribución. En el primer punto de decisión, por lo tanto, puede percibirse que Indonesia, Malasia y Tailandia son los candidatos viables. El siguiente paso quizá sea explorar cada uno de estos países en términos de acceso a los mercados, posibles ubicaciones, disponibilidad de empleados potencia-

Figura 6.1 Modelo de un árbol de decisión

les, adquisiciones y/o alianzas estratégicas, restricciones o reglamentaciones locales y estimados de costos de apertura y operación. En el siguiente punto de decisión, los resultados de la investigación podrían indicar que Indonesia, en específico Jakarta, presentan factores más favorables que Malasia o Tailandia. De aquí puede necesitar evaluarse si se procede rentando, comprando o construyendo una fábrica, otorgando concesión al representante de un fabricante local, estableciendo una alianza estratégica con una compañía de ese país, contratando a un director local o asignando un equipo de la compañía actual para administrar la operación. Este punto de decisión tal vez lleve a la conclusión de que la opción más práctica es una alianza estratégica con una compañía de Indonesia.

Para llegar a este tercer punto de decisión quizá se necesiten varios meses. Hasta puede llegarse a la conclusión de que el calendario no es correcto, que la primera elección de una alianza estratégica no estará preparada para unir fuerzas con usted hasta el año próximo, o que el potencial no es tan grande como se había

Figura 6.2   Ejemplo de un árbol de decisión

pensado; estas observaciones pueden llevar a la decisión de posponer el plan o incluso cancelarlo. Aunque es económicamente doloroso, el costo de cancelar en esta etapa es considerablemente menor que el costo que entraña la terminación de una alianza fallida. Por lo contrario, si cada una de las decisiones han sido positivas en este punto, puede revisarse el OLP para que diga "contar con un centro de distribución rentable para atender al Sureste Asiático, con sede en Jakarta, a más tardar para el [año]", y luego proceder con el resto del PEA para hacer realidad esa intención.

¿Cómo preparar Planes Estratégicos de Acción?

La figura 6.3 proporciona un formato recomendado para ordenar los PEA; identifica los elementos que deben ser considerados. Si bien es muy similar al formato que recomendamos para los planes tácticos de acción, su alcance es considerablemente más amplio.

Como con todo proceso de planeación, debe haber libertad para adaptar este formato según las necesidades.

1. *Principales eventos, fases, logros.* Identifica los puntos principales por los que debe pasarse a fin de seguir la pista hacia el logro de los OLP. Si resulta apropiado el árbol de decisiones como parte de los PEA, cada punto de decisión se convertirá en uno de los puntos principales; por ejemplo, los pasos típicos en un gran proyecto de desarrollo de un producto, incluyendo la investigación y el análisis de mercado, la investigación y el análisis técnico, el diseño, la creación del prototipo, la prueba del prototipo, la prueba piloto, la prueba de mercado, la puesta en marcha de la fabricación, el mercadeo, la venta y el servicio. Observe que cada uno de estos pasos requiere por sí mismo un plan de acción detallado, perfeccionado por el encargado del departamento correspondiente antes de aplicarlo. En la mayoría de los casos, no es recomendable incluir tal cantidad de detalle en los PEA.

2. *Responsabilidad primaria y de respaldo.* Un individuo, departamento o unidad necesita adoptar la responsabilidad primaria de cerciorarse que se efectué cada paso de los PEA (si se asigna a un departamento o unidad, el jefe respectivo será automáticamente la persona encargada). Los demás individuos, departamentos o unidades que harán colaboraciones importantes se mostrarán en la columna de apoyo. La responsabilidad primaria incluye toda aquella coordinación requerida para asegurar la contribución de apoyo.

3. *Calendarización.* La calendarización incluye cuándo debe iniciarse y terminarse cada paso en particular. Aunque hay excepciones, en la mayoría de los PEA son aplicables las etapas trimestrales. Puesto que el inicio o la terminación de algún paso dependerá o estará muy influido por lo que sucede en otros pasos, se necesitará flexibilidad en el programa y estar preparado para efectuar las modificaciones necesarias (y comunicarlas a los demás).

4. *Recursos.* El capital incluirá aspectos como compras, instalaciones, equipos y otras inversiones no cubiertas por los gastos de operación normales. Los recursos operativos son todos aquellos que se requieren para apoyar a los planes de acción, ya sea que estén o no incluidos en el presupuesto. Los recursos humanos incluyen los tipos (si es posible determinarlos) y el potencial humano específico

Objetivo a largo plazo:

Eventos, fases y logros principales	Responsabilidad		Programa		Recursos			Mecanismos de retro-alimentación
	Primaria	De apoyo	Inicio	Terminación	Capital	Operativos	Humanos	

Figura 6.3   Formato de un plan estratégico de acción

que se requieren para apoyar cada paso. Aunque los requerimientos de recursos humanos pueden cubrirse bajo los recursos operativos, es particularmente importante identificar si son altamente especializados o si son escasos.

5. *Mecanismos de retroalimentación.* Identifica la forma en la que la persona con la responsabilidad primaria mantendrá informados del avance a quienes deban intervenir. Los mecanismos de retroalimentación pueden ir desde un complicado sistema de seguimiento computarizado hasta un simple diagrama o un informe verbal o escrito (se verán con más detalle estos elementos en el capítulo siete).

¿Hay ejemplos de Planes Estratégicos de Acción?

Las figuras 6.4 y 6.5, en las páginas 72 y 73, contienen ejemplos de los PEA que apoyan a los OLP identificados en la figura 6.2. Uno de los ejemplos se enfoca al nivel de la organización completa, y el otro a nivel de departamento o unidad; obsérvense las diferencias y las similitudes entre ellos. Estos ejemplos tratan sólo de ilustrar y no necesariamente serán aplicables a cada situación específica.

¿Cómo establecer un puente con nuestros planes tácticos?

Supongamos por el momento que el plan a largo plazo tiene un horizonte de tres a cinco años. Cada uno de los PEA elaborados para apoyar a los OLP contendrán eventos, fases o logros importantes que deben completarse en algn punto dentro de ese intervalo de tiempo. Algunos de los trabajos requeridos pueden efectuarse sólo dentro de uno de los años del plan, mientras que otros pueden extenderse durante dos o más años; por lo tanto es esencial contar con un plan a largo plazo y, muy en especial, un Plan Estratégico de Acción disponible conforme se preparan los planes tácticos. Cada paso del PEA necesita convertirse en un objetivo o formar parte de un plan de acción dentro del plan táctico; por ejemplo, obsérvese que el paso uno en la figura 6.4, "terminar el estudio de mercado del potencial de ventas para los productos a la medida", debe ser el objetivo para el año uno, segundo trimestre, del plan táctico del departamento de mercadeo. Uno de los valores agregados con el uso de los PEA es que proporcionan una oportunidad de validar, modificar o invalidar la ruta estratégica que se está tomando.

Objetivo a Largo Plazo: Tener un mínimo de 55 % de ganancia de los productos a la medida para el [año]

Eventos, fases y logros principales	Responsabilidad		Calendario		Recursos			Mecanismos de retroalimentación
	Primaria	Apoyo	Inicio	Terminación	Capital	Operativos	Humanos	
1. Terminar el estudio de mercado del potencial de ventas para los productos según especificaciones del cliente	VP	VP Ventas	Año 1, T1	Año 1 T2		$ 10,000	500 hrs.	Informes de avance por escrito
2. Revisar el pronóstico de ventas para los Años 1, 2 y 3 reflejando los cambios	VP Ventas	VP Mercadeo		Año 1, T2			50 hrs.	Pronósticos revisados
3. Adaptar el Edificio C para la fabricación de productos según especificación del cliente	VP Manuf.	VP Ingeniería VP Administración	Año 1 T2,	Año 2 T4	$ 500,000	$80,000	1100 hrs.	Informes de avance por escrito
4. Cambio de la estructura de compensaciones para promover las ventas de productos según especificaciones del cliente	VP HR	VP Ventas	Año 1, T3	Año 1, T4		$50,000	100 hrs.	Informe de estructura revisada
5. Capacitar al equipo de ventas en nueva tecnología	Director de Capacitación	VP Ventas	Año 2, T1	Año 2, T2		$50,000	1000 hrs.	Informes del plan de capacitación
6. Aumentar la producción de productos según especificaciones del cliente - al 25 por ciento - al 30 por ciento - al 40 por ciento - al 50 o 55 por ciento	VP Manuf.	VP Ingeniería	Año 1, T4	Año 2, T4 Año 2, T4 Año 3, T2 Año 3, T4		Presupuestado	Presupuestado	Informes de producción
7. Incremento de ventas de productos según especificaciones del cliente - al 25 por ciento - al 30 por ciento - al 40 por ciento - al 55 por ciento	VP Ventas	VP Mercadeo	Año 1, T4	Año 2, T2 Año 2, T4 Año 3, T2 Año 3, T4				Informe de ventas
8. Revisar el pronóstico de ventas	VP Ventas	VP Mercadeo		Año 3, T4				Pronósticos revisados

Figura 6.4   Ejemplo de un plan estratégico de acción

Objetivo a Largo Plazo: Adaptar el Edificio C para fabricar productos según especificaciones del cliente [año]

Eventos, fases y logros principales	Responsabilidad		Calendario		Recursos			Mecanismos de retroalimentación
	Primaria	Apoyo	Inicio	Terminación	Capital	Operativos	Humanos	
1. Terminar el estudio de factibilidad de los requerimientos de conversión	VP Ingeniería	VP Manufactura	Año 1, T1	Año 1, T2		$10,000	100 hrs.	Informes de avance por escrito
2. Terminar el diseño de la línea de producción adaptada y las especificaciones de equipo	VP Ingeniería	VP Manufactura		Año 1, T3		$50,000	500 hrs.	Reuniones de revisión del diseño
3. Compra e instalación del equipo nuevo	Compras	VP Manufactura	Año 1, T3	Año1, T4	$400,000		100 hrs.	Informes de avances por escrito
4. Modificación del equipo existente	VP Manuf.	VP Ingeniería	Año 1, T3	Año 1, T4	$100,000	$10,000	100 hrs.	Informes de avance por escrito
5. Capacitar al equipo de producción	Director de Capacitación	VP Manufactura	Año 1, T3	Año 1, T4		$10,000	300 hrs.	Informes del plan de capacitación
6. Arrancar la línea de productos a la medida	VP Manufactura	VP Ingeniería				Presupuestado	Presupuestado	Reportes de producción
7. Incremento de producción de productos a la medida - al 25 por ciento - al 30 por ciento - al 40 por ciento - al 50 o 55 por ciento	VP Manufactura	VP Ingeniería	Año 1, T4	Año 2, T2 Año 2, T4 Año 3, T2 Año 3, T4		Presupuestado	Presupuestado	Reportes de producción
8. Revaloración de la capacidad futura de producción	VP Manufactura	VP Ingeniería		Año 3, T4				Pronóstico de producción

Figura 6.5 Ejemplo de un plan estratégico de acción por departamento

Resumen

- Los Planes Estratégicos de Acción identifican los puntos principales por los que debe pasarse para seguir la pista al camino para alcanzar los OLP.

- Los PEA no representan un procedimiento detallado paso a paso; más bien se enfocan en los puntos críticos que necesiten cumplirse durante la vida del plan.

- Un árbol de decisiones ayudará a identificar los puntos específicos del PEA donde se harán decisiones de continuar, modificar o no continuar; es especialmente til cuando no se cuenta con toda la información necesaria antes de preparar los PEA.

- Los PEA incluyen

  Eventos, fases y logros principales

  Responsabilidad primaria y de apoyo para cada paso

  Una calendarización (cuándo debe comenzar y terminar cada paso)

  Los recursos (los recursos de capital, operativos y humanos necesarios para lograr cada paso)

  Mecanismos de retroalimentación (cómo y cuándo se mantendrán informados del avance a quienes necesiten conocerlo).

- Los PEA serán el puente principal entre los planes estratégico y táctico, proporcionando la información necesaria para establecer los objetivos a largo plazo y los planes de acción.

- Los PEA dan la oportunidad de validar, modificar o invalidar el camino estratégico que se está siguiendo.

El siguiente capítulo se enfoca en especial en la revisión y modificación del plan estratégico completo a modo de seguir las circunstancias cambiantes.

CAPÍTULO SIETE

¿Cómo saber dónde estamos?

Revisión y modificación del plan estratégico

Observará el lector que el subtítulo de este capítulo es "Revisión y modificación del plan estratégico", no revisión y modificación del plan a largo plazo. Aunque el tema principal de este libro es la planeación estratégica y probablemente interese más el plan a largo plazo que el proceso de revisión, las revisiones deben efectuarse dentro del contexto del plan estratégico completo, lo cual incluye el pensamiento estratégico (la articulación de la misión, la visión y la estrategia), que fue el tema del primer libro de esta serie. Una de las fallas de muchos planes estratégicos es la tendencia a cerrar el plan estratégico como si fuera un *evento,* guardarlo en el archivero y olvidarlo hasta que alguien pregunte por él o sea tiempo de hacer otro plan. La experiencia me indica que el éxito de la implantación de cualquier plan (estratégico, táctico u otro) va en proporción directa con la profundidad del proceso de revisión. Aunque quizá no sea necesario revisar formalmente el plan estratégico tan frecuente o profundamente como se revisa el plan táctico, considero necesario echarle un vistazo en forma programada, o consultarlo cada vez que se piense en un cambio en la dirección estratégica.

¿Qué es la revisión del plan estratégico y por qué es importante?

La revisión del plan estratégico requiere que el equipo completo lo haga periódicamente (recomiendo que sea al menos una vez por trimestre) para asegurar que todo esté transcurriendo en la dirección debida. La revisión regular del plan estratégico ayudará al equipo a

- Mantener fresca en la mente la misión, la visión y la estrategia

- Asegurarse de que las actividades cotidianas sean consistentes y apoyen la misión, la visión y la estrategia

- Identificar circunstancias (como un cambio de tecnología) que pueden requerir revalorar y posiblemente cambiar la dirección estratégica

- Enfocarse en aspectos del plan a largo plazo que necesiten abordarse inmediatamente o en el futuro cercano

- Asegurarse de que las disposiciones del plan táctico relacionadas directamente con el plan a largo plazo se estén cumpliendo en forma oportuna y eficaz

- Identificar nueva información que necesite incluirse en el análisis de aspectos críticos en especial información que puede dar lugar a modificaciones en algunos de los OLP y/o de los PEA

- Recordar que la planeación es un *proceso* continuo, y no un *evento*

¿En qué difiere la revisión del plan estratégico de la revisión del plan táctico?

Aunque recomiendo que se revise formalmente el plan estratégico al menos una vez por trimestre, reitero que es una necesidad la revisión al menos trimestral del plan táctico, y en algunos casos con mayor frecuencia. La revisión del plan táctico se analizará con profundidad en el capítulo 8 del tercer libro en esta serie, pero con propósitos de comparación, obsérvese que por lo general la revisión del plan táctico llevará a

- Requerir un estudio más detallado que la revisión del plan estratégico

- Tomar más tiempo que la revisión del plan estratégico (a menos de que dicho plan requiera cambios profundos)

- Llevar con mayor frecuencia a acciones correctivas y/o modificaciones a corto plazo

- Enfocarse en tres perspectivas:

  Lo que ocurre según lo planeado y lo que se aprende de ello

  Lo que no ocurre de acuerdo con lo planeado y lo que se hace acerca de ello

  Lo que es diferente a lo que existía en el momento en que se creó el plan (lo que podría requerir una modificación inmediata del plan)

- Incorporar a más personas que las previstas en la revisión del plan estratégico

¿Cuándo y cómo efectuar la revisión del plan estratégico?

Hay cuatro ocasiones principales para esta revisión. La primera es la revisión periódica del avance (en la que me he enfocado hasta ahora en este capítulo). La segunda ocasión es una revisión selectiva continua de partes específicas del plan a largo plazo que requerirían atención. La tercera revisión ocurre en una forma apropiada cada que se necesita o se contempla un cambio de dirección estratégica. La cuarta revisión por lo general tiene lugar una vez al año al principio del ciclo de planeación. Abordaré cada una de estas ocasiones por separado.

1. La revisión periódica del avance del plan estratégico necesita darse en forma programada. Mi observación es que si la revisión del avance no entra en el calendario como una reunión oficial de la administración, seguramente no tendrá lugar con la frecuencia debida. Si se tienen reuniones regulares programadas con el equipo, quizá se desee hacer de la revisión del plan estratégico uno de los temas de tales reuniones trimestrales a lo largo del año. Si se tienen reuniones programadas para revisar el plan táctico, puede desearse revisar el plan estratégico como paso preliminar en alguna o todas las reuniones. Algunos equipos administrativos encuentran más productivo programar sus revisiones al plan estratégico separadamente de sus revisiones al plan táctico, como el primer viernes de cada trimestre, limitando su análisis a aspectos estraté-

tégicos. Una revisión de avance del plan estratégico por lo general puede llevar de una a dos horas a menos que se den cambios profundos.

Aunque puede desearse alterar el enfoque periódico para que las reuniones de revisión no se conviertan en algo monótono, se muestra un temario que algunos equipos administrativos han encontrado útil:

- *Revisión de la misión y de la visión:* revisión por un miembro distinto del equipo administrativo en cada reunión, que da un breve comentario de cómo se están interpretando o empleando la misión y la visión en su área de responsabilidad

- *Revisión de la estrategia:* revisión por otro miembro del equipo, con un comentario similar sobre la interpretación y uso

- *Revisión de las AEC y los OLP:* revisión rápida de las AEC y los OLP por el equipo completo para mantenerlos enfocados

- *Revisión de aspectos críticos:* revisión rápida de todos los aspectos críticos identificados para asegurarse de que siguen siendo validos e identificar aquellos otros que deben considerarse

- *Revisión de algunos aspectos críticos, OLP y PEA:* informe del avance de dos o tres aspectos críticos por cada líder

- *Acuerdo de los siguientes pasos*: lo que tendrá lugar antes de la siguiente reunión de revisión del plan; acuerdos sobre una fecha para la siguiente reunión si no está programada

2. *Revisión selectiva continua* de partes del plan a largo plazo que pueden requerir atención; debe efectuarse conforme se necesite. Las formas de mantenerle la pista al plan estratégico o al táctico (que también pueden usarse como mecanismos de retroalimentación en los PEA) incluyen:

- *Informe de estado*, ya sea verbal, electrónico o por escrito. Recomiendo que los informes de estado por escrito sean *breves* (una o dos páginas), en forma *genérica* más que narrativa, estructurados para *resaltar* la información más importante. Puede ser muy útil usar formatos estándar, generados manual o electrónicamente, para evitar que les tome demasiado tiempo tanto a quien los genere como a quien los reciba.

- *Ayudas visuales* como gráficas de líneas o de barras, diagramas de flujo y diagramas orientados a problemas que se actualicen en forma regular; pueden ser muy eficaces para proporcionar motivación, así como para agilizar la visibilidad. Para que sean de verdad eficaces, tales ayudas deben mostrar proyecciones que reflejen posibles realidades más que promedios lineales (puesto que la mayoría de los factores no se comportan en forma lineal), y deben resaltar rápidamente las variaciones que requieran acción correctiva sin interpretaciones complicadas; hay varios programas de computadora sencillos y completos que pueden servir para esto.

3. A riesgo de decir algo obvio, debe revisarse y estar preparado para modificar el plan estratégico cada vez que se tenga planeado un *cambio de la dirección estratégica.* Tales cambios pueden ser dictados por una fusión de empresas, una adquisición; por una nueva política de los propietarios, organizaciones aliadas o altos directivos, o una nueva oportunidad de negocios que esté fuera del plan estratégico en curso.

4. Cuando se esté encaminando al *inicio del ciclo de planeación* es un momento natural para revisar que aún se está dentro del plan estratégico. Esta revisión ayudará a determinar si necesita crearse todo un plan nuevo o si es más apropiada una extensión o una modificación del plan existente, algunas veces denominada el *rolado* del plan. Por último, recomiendo que se siga el proceso de identificación de aspectos críticos para determinar si alguno de tales aspectos ya se ha resuelto o se ha vuelto menos grave y, lo que es más importante, ver si han surgido otros aspectos críticos.

¿Por qué, cuándo y cómo modificar nuestro plan estratégico?

Limitaré aquí mis sugerencias a modificaciones que podrían implantarse en el plan a largo plazo, en particular en los OLP y PEA. Es obvio que se querrán hacer cambios en la misión, la visión o la estrategia si los cambios de circunstancias hacen necesarias dichas modificaciones. Se muestran algunos ejemplos de por qué podrían ser apropiados cambios en partes del plan a largo plazo:

- Innovaciones tecnológicas
- Oportunidades inesperadas de negocios
- Competencia inesperada
- Altibajos en la economía
- Cambios políticos
- Nuevos o mejores clientes
- Pérdida de un cliente importante
- Pérdida de un proveedor importante
- Falta de recursos de capital adecuados
- Disponibilidad inesperada o perdida de personal clave

Los planes a largo plazo deben cambiar sólo después de que un análisis cuidadoso determine que tales modificaciones están completamente justificadas. Recuérdese que cualquier cambio profundo en los OLP o los PEA puede tener efectos que tendrán impacto en otros planes y otras partes de la institución o empresa; sin embargo, si se requieren dichos cambios, es necesario hacerlos rápidamente, considerando a qué y a quién afectarán. Deben poder realizarse con facilidad las modificaciones necesarias a los OLP y/o los PEA en forma individual o en una reunión de equipo, o puede ser más útil pasar nuevamente por todo el proceso de análisis de aspectos críticos, ponderando las circunstancias cambiantes. Por último, cualquier cambio que se haga debe comunicarse rápida y completamente a todo aquel que se vea afectado, de modo que pueda hacer los ajustes necesarios en sus planes.

Resumen

- Necesita revisarse y modificarse periódicamente, según se requiera, el plan estratégico completo, junto con los resultados del pensamiento estratégico (misión, visión y estrategia), así como los trabajos de planeación a largo plazo.
- Hay cuatro ocasiones principales para esta revisión:

Los informes periódicos de avance, programados por los menos una vez cada trimestre

La revisión selectiva continua de partes del plan a largo plazo que puedan necesitar atención

Las revisiones ad hoc cada que se tenga planeado o previsto un cambio en la dirección estratégica

Las revisiones anuales cuando se aproxime el inicio del ciclo de planeación

- Los planes a largo plazo deben cambiarse sólo después de que, mediante una cuidadosa deliberación, se determine que tales modificaciones están justificadas por el impacto potencial en otros planes y otras partes de la institución o empresa.

Esto completa nuestro análisis de todos los elementos del proceso de planeación a largo plazo, incluyendo algunos temas sobre la revisión y la modificación de todo el plan estratégico. El siguiente y último capítulo ayudará a determinar en qué parte del proceso de planeación estratégica se encuentra y le proporcionará una metodología para avanzar.

CAPÍTULO OCHO

¿Cómo se combina el plan estratégico?

La terminación del plan a largo plazo junto con los resultados del pensamiento estratégico comprenden la parte visionaria, orientada hacia el futuro, del proceso de planeación; juntos modelan el plan estratégico de la institución o empresa o unidad. El plan estratégico proporciona la estructura a partir de la cual pueden generarse y poner en vigor planes tácticos, dando lugar a un camino estratégico. Lo que es irónico, pueden implantarse planes tácticos sin un plan estratégico, pero *no puede* ponerse en vigor un plan estratégico sin un plan táctico; esto no hace que un tipo de plan sea más importante que otro. Sin embargo, ilustra el concepto de sinergia, ya que los resultados del trabajo de planeación serán mucho más eficaces cuando los tres componentes del proceso de planeación (pensamiento estratégico, planeación a largo plazo y planeación táctica) se integren en forma tal que uno alimente al otro, como se ilustra en la figura 8.1. Téngase otra ves en mente que

El pensamiento estratégico da lugar a la *perspectiva*

La planeación a largo plazo da lugar a la *posición*

La planeación táctica da lugar al *desempeño*

¿Qué entra en el plan estratégico?

Un plan estratégico completo incluye los resultados del pensamiento estratégico y la planeación a largo plazo. Sin embargo, el plan estratégico no necesariamente debe contener todos los elementos mostrados en la figura 8.1. Puede elegirse combinar algunos de los elementos o manejarlos selectivamente, en especial si éste es el

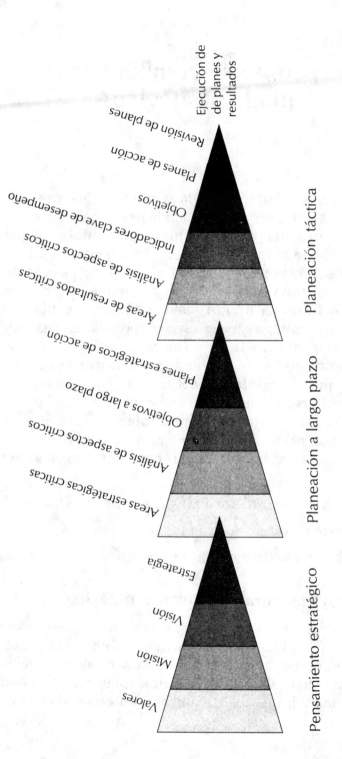

Figura 8.1 El proceso de planeación

primer trabajo formal de planeación estratégica o si los trabajos anteriores no produjeron los resultados deseados. Recuérdese que no debe *adoptarse* un proceso de planeación, incluyendo éste; siempre *adapte* según lo que tenga más sentido para su institución o empresa.

La lista de verificación de la evaluación del plan estratégico que aparece en la figura 8.2 es una herramienta que ayudará a evaluar la disposición de la institución o empresa para proceder con un trabajo de planeación estratégica, así como para determinar qué elementos necesitan ser abordados para hacer la planeación lo más eficaz posible (una lista de verificación similar enfocada a la planeación táctica se muestra como figura 9.1 en el tercer libro de esta serie); proporciona una rápida mirada a lo que constituye tanto el pensamiento estratégico como la planeación a largo plazo, además ser una oportunidad para resaltar las adiciones específicas o modificaciones que pueden requerirse para hacer el trabajo lo más eficaz posible.

Cuando se enfoca esta tarea desde la perspectiva de una institución o empresa completa, la evaluación inicial la hace normalmente el director general, el equipo de altos directivos, y/o el facilitador del proceso de planeación. Las personas con responsabilidades relacionadas con uno o más factores de esta lista de verificación necesitan comprender y aceptar la responsabilidad de toda acción que pueda esperarse. Si se está examinando esta tarea desde la perspectiva de una unidad, entonces sólo es necesario enfocarse en aquellos factores que sean relevantes para el plan de la unidad.

Al hacer las evaluaciones, necesita repasarse la lista de verificación y colocar una marca en la columna apropiada de cada punto. *OK* significa que el proceso actual de planeación estratégica aborda ese punto satisfactoriamente; pueden necesitarse algún ajuste fino, pero siguiendo las prácticas en curso es seguro que se producirá el resultado deseado. *Necesidad* indica que el punto debe agregarse o que se requiere una aplicación más eficaz que la actual. *N/A* si debe verificarse el punto como *no aplicable* a su institución o empresa o unidad en particular, o si está incorporado en otra parte del plan (por ejemplo, en combinación con la misión o la visión). Después de terminar la verificación inicial, revísese cada

Figura 8.2 Hoja de verificación para la evaluación del plan estratégico

	Situación Actual			Acción (Cuándo y Quién)
	OK	Necesidad	N/A	
Establecimiento del proceso de planeación				
Plan del plan				
Aclaración de las funciones de planeación				
• Director general				
• Equipo directivo				
• Consejo				
• Facilitador de planeación				
• Coordinador de planeación				
• Equipo de planeación interna				
• Otros directivos				
• Otros empleados				
Equipo de planeación seleccionado				
Planeación estratégica				
Valores estratégicos				
Misión de la institución o empresa				
Misiones por unidad				
Visión de la institución o empresa				
Estrategia de la institución o empresa				
Areas estratégicas críticas				
Fuerzas y limitaciones				
Oportunidades y amenazas				
Aspectos críticos				
Asignación de análisis				
Principales conclusiones				
Objetivos a largo plazo				
Proyecciones financieras				
Planes estratégicos de acción				
Revisión ejecutiva				
Revisión y modificación del plan				
Ejecución del plan estratégico				

Figura 8.3 Ejemplo terminado de una hoja de verificación para la evaluación del plan estratégico

	Situación Actual			Acción (Cuándo y Quién)
	OK	**Nece-sidad**	**N/A**	
Establecimiento del proceso de planeación	✓			
Plan del plan		✓		*Borrador para el 1/15-Martha*
Aclaración de las funciones de planeación				
• Director general	✓			
• Equipo directivo	✓			
• Consejo		✓		*Lo presentaré en la próxima junta*
• Facilitador de planeación		✓		*Candidatos identificados 12/1-Bill*
• Coordinador de planeación	✓			
• Equipo de planeación interna			✓	
• Otros directivos			✓	
• Otros empleados			✓	
Equipo de planeación seleccionado	✓			
Planeación estratégica				
Valores estratégicos		✓		*Para verse en la primera sesión*
Misión de la empresa o institución	✓			*Puede necesitarse alguna modificación*
Misiones por unidad		✓		*Recomendaciones 1/15-Jefes de depto.*
Visión de la institución o empresa	✓			
Estrategia de la institución o empresa		✓		*Revisar y modificar en la primera sesión*
Areas estratégicas críticas	✓			
Fuerzas y limitaciones		✓		*Actualizar en la primera sesión*
Oportunidades y amenazas		✓		*Actualizar en la primera sesión*
Aspectos críticos		✓		*Actualizar la planeación previa*
Asignación de análisis		✓		
Principales conclusiones		✓		
Objetivos a largo plazo		✓		
Proyecciones financieras		✓		
Planes estratégicos de acción		✓		
Revisión ejecutiva		✓		
Revisión y modificación del plan		✓		
Ejecución del plan estratégico		✓		

uno de los puntos que tengan una marca de verificación en la columna de *Necesidad* y determine qué acción se requiere, por quién y para cuándo. La lista de verificación hace resaltar aquellas partes del proceso de planeación estratégica que requieran atención especial; proporciona además un esquema para iniciar el trabajo. La figura 8.3 muestra un ejemplo de una lista de verificación elaborada por un director general.

¿Cómo ensamblan los planes estratégicos por unidad?

A menos que la unidad sea el equivalente de una compañía por separado (por ejemplo, una división o subsidiaria, en cuyo caso se aplicaría el proceso completo tal como se describe en este libro) probablemente se usarán partes seleccionadas del proceso de planeación estratégica. Después de todo, a mi juicio, cada unidad necesita su propio establecimiento de funciones y misiones. Algunos departamentos, como mercadeo e investigación y desarrollo, pueden encontrar preferible pasar por el proceso completo, produciendo una miniversión del plan de la institución o empresa completa en su relación con las responsabilidades del departamento. En otros departamentos, como producción y administración, puede resultar más útil enfocarse en aspectos estratégicos específicos que afecten directamente en sus operaciones. Cada unidad de la institución o empresa, por supuesto, necesita familiarizarse con aquellas partes del plan estratégico de la institución o empresa completa, así como con los planes de otras unidades, que afectarán a sus propias funciones estratégicas y tácticas.

¿Cómo reunimos todo?

La creación del plan estratégico no es diferente de cualquier otro trabajo en conjunto. Requiere la identificación de lo que necesita tener lugar y un programa realista para asegurarse que avance el proceso de planeación; una herramienta efectiva para hacer esto es un *Plan del plan*. Este no es sólo un juego de palabras; un Plan del plan identifica claramente los pasos importantes del proceso de planeación estratégica que necesitan efectuarse para que la planeación sea una herramienta administrativa eficaz. El Plan del plan hace resaltar las partes específicas del plan que necesitan ser elaboradas, establece un programa para la terminación de cada una de dichas partes y genera un registro del rendimiento contra el programa.

La figura 8.4 es un ejemplo del Plan del plan que incluye una parte para el desarrollo del plan por unidad. Por supuesto, se pue-

---

Figura 8.4   Ejemplo de plan estratégico para hacer el plan

Objetivo: Terminar la actualización de nuestro plan estratégico para el 15 de mayo.

Pasos de acción	Calendario
1. Reunión de preparación de medio día • Introducción al proceso • Asignación de avance	15 de enero
2. Reunión de planeación de dos días • Valores estratégicos • Misión de la institución o empresa • Visión de la institución o empresa • Estrategia de la institución o empresa • Areas estratégicas críticas • Identificación de aspectos críticos • Asignación del análisis de aspectos críticos	1-2 de febrero
3. Aceptación de la asignación del análisis	3-28 de febrero
4. Reunión de planeación de dos días • Revisión de la asignación del análisis • Principales conclusiones • Objetivos a largo plazo • Proyecciones financieras • Planes estratégicos de acción	1-2 de marzo
5. Reuniones de planeación por unidad (la hora específica varía) • Funciones y misiones por unidad • Análisis de aspectos críticos • Objetivos a largo plazo • Planes estratégicos de acción	10-31 de marzo
6. Integrar los planes de la institución o empresa y por unidad	1-15 de abril
7. Plan estratégico documentado	15-30 de abril
8. Reunión de planeación de un día • Presentación, revisión y aprobación del plan estratégico	15 de mayo

den hacer muchas variaciones, dependiendo del tamaño de la institución o empresa y de la cantidad requerida de elaboración en el plan por unidad. Necesita elaborar su propio Plan del plan, basándose en sus requerimientos específicos de planeación. Por lo general, el evento final en el Plan del plan será la revisión y aprobación por quien tenga la última palabra. Normalmente hay un marco específico de tiempo dentro del que debe tener lugar la aprobación; dicha aprobación puede ser por un consejo de directores, una institución o empresa principal, un cuerpo legislativo o el director general y el equipo de planeación mismo. Al establecer un tiempo límite en el cual debe tenerse la aprobación, es posible revisar hacia atrás y determinar un programa realista para la terminación de cada uno de los elementos del plan, así como las submisiones de los planes por unidad cuando sean aplicables.

¿Qué aspecto tiene un plan estratégico?

Si bien el plan estratégico de cada institución o empresa debe ser un reflejo directo de las convicciones y expectativas del director general y del equipo de planeación, he encontrado útil separar el plan en tres secciones que se elaboran en sentido inverso.

La primera sección es una *revisión ejecutiva,* un resumen de dos a tres páginas, por lo general en forma narrativa, que expresa la visión personal del director general del sentido de la institución o empresa, su principal filosofía y los valores que prevalecen en los negocios que se efectuarán en el futuro, así como las principales posiciones o realizaciones que se proyectan durante el tiempo de vida del plan; esta revisión sirve como un vehículo de comunicación inicial para todos aquellos que dentro y fuera de la institución o empresa tienen interés en conocer cómo se verá a futuro dicha institución o empresa.

La segunda sección es un resumen de elementos clave del plan estratégico. Esto incluye el establecimiento de la misión, la visión y la estratégica (de preferencia en una misma página), además de las áreas estratégicas críticas (CAE), los objetivos a largo plazo relacionados con cada CAE y, cuando sea aplicable, las principales acciones (no precisamente los planes estratégicos de acción) que se requieren para alcanzar cada OLP; esto, junto con la revisión ejecutiva, es el primer documento estratégico que se distribuye a los accionistas, institución o empresa principal, empleados clave y otros participantes importantes.

La tercera sección contiene material de apoyo tal como el análisis de aspectos críticos terminado, los planes estratégicos de acción, algunos planes estratégicos seleccionados por departamento o por unidad y otros materiales relacionados que identificarán lo que necesita hacerse. Las partes de esta sección quedarán disponibles conforme se requieran para proporcionar orientación a aquellos que tengan que ejecutar los planes.

La figura 8.5 muestra una tabla típica para una institución o empresa de tamaño mediano.

Figura 8.5   Ejemplo de tabla de contenido para un plan estratégico

---

	Número de página
1. Revisión ejecutiva	1-3
2. Resumen de los elementos clave del plan	4-10
• Misión, visión y estrategia de la institución o empresa	4
• Areas estratégicas críticas, aspectos críticos, objetivos a largo plazo, principales acciones, proyecciones financieras	5-10
3. Material de Apoyo	11-25
• Cada aspecto crítico enumerado junto con su análisis completo, objetivos a largo plazo, planes estratégicos de acción, y planes del departamento seleccionado	

¿Cuándo y cómo comunicar nuestros planes estratégicos a otros importantes auxiliares?

Puesto que el plan estratégico es el principal vehículo de comunicación diseñado para mantener a otras personas informadas de lo que está ocurriendo dentro de la institución o empresa, así como proporcionar una guía para aquellos que tienen que preparar y/o ejecutar los planes estratégicos y tácticos, necesita considerarse cuidadosamente a quién y cómo manejar dicha comunicación. Aunque hay algunos participantes a quienes es obvio que los planes estratégicos le son especialmente importantes, como lo dueños, los accionistas, las instituciones principales, las instituciones observadoras y las subsidiarias, así como empleados clave, hay algunos otros que desean ingresar al círculo de comunicación; entre estos podemos considerar a las comunidades financieras e inversionistas, consejeros legales y contables, socios estratégicos, proveedores importantes, clientes importantes, representantes externos de ventas, competidores amigables, comunidades en las cuales se opera, comunidades en las que se pretenda operar en el futuro, profesionales y asociaciones relacionadas con su industria, sindicatos que representan a sus empleados, escuelas donde se reclutan los empleados, la prensa y hasta el público en general. La decisión de informar a estos grupos acerca de los planes estratégicos dependerá de lo valioso que les resulte estar bien informados. Una vez que las distintas partes del plan estratégico se encuentren documentadas y aprobadas, se deseará usarlas en alguna forma que proporcione ventaja a ambas partes (véase el capítulo 2 para una exposición de las formas de hacer participar a los interesados mientras se encuentra en curso el proceso de planeación).

Aparte de aquellos que deben aprobar los planes, los empleados **representan** posiblemente el grupo por sí mismo más importante dentro del círculo de información; sin su apoyo, será difícil si no imposible realizar los planes. Es importante hablar con ellos lo más pronto posible, especialmente si hay sorpresas potenciales. Hay que evitar al máximo posible escuchar las novedades a través de rumores, o peor aun a través de la prensa. Cuando se maneja apropiadamente, la comunicación puede ser una forma poderosa de convertir a los empleados en un frente unido; en seguida hay algunas formas en las que se sugiere hacer esto:

- Distribuya copias de la revisión ejecutiva y, de ser posible, del plan condensado; solicite comentarios o sugerencias en forma verbal, escrita o electrónica.

- Use televisión de circuito cerrado, video, CD-ROM, correo electrónico, correo de voz u otro medio electrónico; promueva los comentarios o sugerencias.

- Use periódicos o revistas internos o alguna otra publicación.

- Haga una presentación en una reunión general para todos los empleados, dando oportunidad de hacer preguntas.

- Haga presentaciones en juntas informales por departamento, unidad o locación, dando oportunidad de dialogo con el director general y/o otros ejecutivos.

Dependiendo del grado de participación y compromiso que se quiera de algunos otros grupos participantes, la forma de comunicación con ellos puede ir de una versión editada de la revisión ejecutiva hasta alguna de las formas que ya se sugirieron para los empleados.

Si bien puede desearse mantener en forma confidencial algunas partes del plan por razones de competencia, el plan estratégico normalmente no es algo que deba mantenerse bajo candado y llave, al cual sólo algunos "elegidos" tengan acceso; puede ser una herramienta poderosa para ganar lealtad y obtener compromiso de todos aquellos que puedan contribuir a hacer que los planes se conviertan en realidad.

Resumen

- Un plan estratégico completo incluye los resultados del pensamiento estratégico y de la planeación a largo plazo.

- Nunca *adopte* un proceso de planeación, incluyendo este; siempre adapte según lo que tenga más sentido para su institución o empresa.

- La lista de verificación para la evaluación del plan estratégico es una herramienta que ayudara a evaluar la disposición de la institución o empresa para proceder con un trabajo de planeación estratégica y para determinar que elementos necesitan abordarse para hacer la planeación lo más eficaz posible.

- El proceso de planeación estratégica puede aplicarse selectivamente a una unidad dentro de la institución o empresa. Cada unidad necesita crear su propio establecimiento de funciones y misiones; sin embargo, la aplicación por unidad puede ir de enfocarse en aspectos estratégicos específicos que afectan a la unidad hasta la producción de una miniversión del plan de toda la institución o empresa en referencia a las responsabilidades de la unidad.

- Cada unidad en la institución o empresa necesita estar familiarizada con aquellas partes del plan estratégico de la institución o empresa completa y con los planes de otras unidades que afectarán sus propios trabajos estratégicos y tácticos.

- El Plan del plan es una herramienta eficaz para identificar lo que necesita tener lugar en el trabajo de planeación estratégica y para establecer un programa realista que asegure que se lleve a cabo el proceso de planeación.

- Una forma útil de organizar el plan estratégico es separarlo en tres secciones:

  Una *revisión ejecutiva*, la cual es un resumen en dos o tres páginas, generalmente en forma narrativa, que expresa el punto de vista personal del director general acerca del destino de la institución o empresa, la filosofía principal y los valores que prevalecen en los negocios que se realizarán en el futuro, así como las principales posiciones y realizaciones que se proyectan durante el tiempo de vida del plan

  Un *resumen condensado* de los elementos clave del plan estratégico que incluye el establecimiento de la misión, visión y estrategia, así como las áreas estratégicas críticas (CAE), los objetivos a largo plazo relacionados con cada CAE y, en donde sea aplicable, las principales acciones que se requieran para lograr los OLP

  Material de apoyo tal como un análisis crítico completo, los planes estratégicos de acción, los planes estratégicos por departamento o unidad y otros materiales relacionados que identificarán lo que necesita hacerse

- El plan estratégico, o partes seleccionadas de este, son un gran vehículo de comunicación diseñado para mantener a otros con la necesidad de estar informados de lo que está ocurriendo dentro de la institución o empresa, así como proporcionar una guía para quienes tienen que preparar y/o implantar los planes estratégicos y tácticos de apoyo

El plan a largo plazo es el componente intermedio en el proceso total de planeación; está diseñado para ayudar a crear la ruta estratégica necesaria para cumplir con la misión, visión y estrategia de la institución o empresa. El plan a largo plazo proporciona además una estructura para preparar los planes tácticos a corto plazo, los cuales identificarán los resultados específicos necesarios para mantener el avance en la dirección correcta.

Mis mejores deseos para usted y sus colegas mientras vayan juntos por el camino en este emocionante y satisfactorio porvenir.

Fuentes de consulta

He encontrado que los siguientes libros han sido útiles en mi estudio de la administración y prácticas de planeación. La mayoría son publicaciones recientes, pero también he incluido algunas obras clásicas que han influido en mí profundamente conforme he avanzado en mi viaje a través del mundo de la planeación. No es una lista exhaustiva. Hay muchas otras buenas publicaciones; éstas son sólo las que han sido significativas para mí. Puesto que el tema de muchos de estos títulos se traslapa con el contenido de cada uno de los tres libros de esta serie, la misma lista de fuentes de consulta aparece en cada uno de ellos.

Administración en general y herramientas administrativas

Applegate, Jane. *Strategies for Small Business Success,* Nueva York, Plume/Penguin, 1995.
> Este interesante libro escrito por una columnista es una compilación de algunas de sus mejores columnas y a la vez una recolección de recomendaciones de muchos empresarios en pequeño, así como de su propia experiencia. La sección sobre "Pasando a lo internacional" es especialmente valiosa para aquellos que se preparan para participar en mercados extranjeros.

Batten, Joe D. *Tough-Minded Leadership.* Nueva York, Amacom, 1989.
> Joe Batten ha sido amigo y colega cercano durante muchos años; como escritor y conferencista, tiene el talento único de inducir a las personas a poner en práctica sus ideas. Este libro es una pieza clave de la literatura que proporciona una guía clara para establecer un estilo de liderazgo que realmente espera (y por lo general obtiene) el desempeño que conduce a resultados sorprendentes.

Bellman, Geoffrey M. *Getting Things Done When You Are Not in Charge: How to Succeed from a Support Position*, San Francisco, Berrett-Koehler, 1992.
Geoff Bellman aborda muchas de las frustraciones que tenemos que padecer quienes hemos estado en cargos de apoyo cuando tratamos de hacer pasar nuestras ideas a través del laberinto empresarial; no estamos tan desvalidos como sentimos en esos momentos. Este libro apoya mi concepto de *presidente de unidad,* mostrando la forma práctica de tener impacto en la dirección y los resultados de la institución o empresa.

Block, Zenas, y Ian C. MacMillan, *Corporate Venturing: Create New Business in Your Firm*, Boston, Harvard Business School Press, 1993.
Este libro está diseñado para el líder interno, trabajando bajo la tutela empresarial, que tiene a su cargo el desarrollo y mercadeo de nuevos proyectos que se apartan de los productos centrales de la compañía. Basado en ejemplos reales, el texto proporciona principios y técnicas para tener éxito en los nuevos proyectos.

Collins, James C. y Jerry I. Porras, *Built to Last: Successful Habits of Visionary Companies,* Nueva York, HarperCollins, 1994.
Este libro es un fascinante resumen de una investigación realizada con varias compañías que los autores describen como *visionarias* en relación con otras compañías exitosas pero menos visionarias del mismo ramo industrial, todas las cuales fueron fundadas antes de 1950. Los "Doce mitos despedazados" (como "Se requiere de una gran idea para comenzar con una gran empresa" y "Las compañías visionarias requieren grandes líderes visionarios"), que son el tema del libro, proporcionan una visión objetiva, así como metodologías para determinar lo que tiene más sentido para el futuro de una compañía.

Conner, Daryl R. *Management at the Speed of Change: How Resilient Managers Succeed and Prosper Where Others Fail*, Nueva York, Villard Books, 1995.
Daryl Conner ha sido pionero e investigador continuo en el campo de la administración del cambio. Este libro incorpora la esencia de su experiencia en el trabajo con un amplio rango de instituciones que se desplazan en nuevas y sorprendentes direcciones.

Drucker, Peter F. *Managing for the Future: The 1990s and Beyond,* Nueva York, Truman Talley Books/Dutton, 1992.
Peter Drucker continúa siendo uno de los pensadores administrativos de mayor influencia en el mundo, frecuentemente anticipándose años a su tiempo. Este libro presenta una serie de provocativos e interesantes ensayos bajo cuatro grandes títulos: "Economía", "Personas", "Administración", y "La Organización". El tema "La tendencia hacia las alianzas para el progreso" es un breve pero preciso conjunto de guías para abordar una de las principales tendencias comerciales del futuro.

Hammer, Michael, y Steven E. Stanton, *The Reengineering Revolution: A Handbook*, Nueva York, HarperCollins, 1995.

Este nuevo libro del coautor de *Reengineering the Corporation* aborda muchos de los éxitos y problemas que se han presentado en las organizaciones que han realizado trabajos de reingeniería. Será especialmente útil para aquellos directivos que estén considerando seriamente la reingeniería como una metodología de cambio pero que no quieran caer en el enfoque de "vagón de músicos".

Leibfired, Kathleen H. J., y C. J. McNair, *Benchmarking: A Tool for Continuous Improvement*, Nueva York, HarperCollins, 1992.

Este libro de la Serie de Soluciones de Coopers & Lybrand es la publicación más completa sobre el tema que he visto. Hace énfasis en usar este enfoque como un *objetivo inalcanzable* para mantener la posición competitiva.

Naisbitt, John. *Global Paradox: The Bigger the World Economy, the More Powerful Its Smallest Players*, Nueva York, Morrow, 1994.

John Naisbitt, de fama con *Megatrends*, aborda la tendencia hacia el gran cambio de la forma en que una compañía y los países hacen negocios. Su premisa es que "las grandes compañías como IBM, Philips y GM deben dividirse para ser una confederación de pequeñas compañías autónomas si quieren sobrevivir". Esta es una interpretación provocativa de uno de los mejores futuristas de nuestro tiempo.

Osborne, David, y Ted Gaebler, *Reinventing Government: How the Entrepreneurial Spirit Is Transforming the Public Sector*, Reading, Mass., Addison-Wesley, 1992.

Este no es un tratado que amenaza al gobierno, sino un enfoque racional al uso de los modernos principios y técnicas administrativos para abordar los aspectos administrativos particulares del gobierno. El libro está ampliamente ilustrado con ejemplos de entidades gubernamentales que están teniendo éxito a nivel estatal, nacional y local.

Schmidt, Warren H., y Jerome P. Finnegan, *TQManager: A Practical Guide for Managing in a Total Quality Organization*, San Francisco, Jossey-Bass, 1993.

Warren Schmidt y Jerry Finnegan han llegado hasta los conceptos básicos y competencias del enfoque de calidad total, sin toda la verborrea. Si quiere aprender cómo hacer que funcione la Administración de la Calidad Total, éste es el libro que debe leer.

Teoría y Práctica de la Planeación

Allen, Louis A. *Making Managerial Planning More Effective*, Nueva York, McGraw-Hill, 1982.

Tuve el privilegio de trabajar con Louis Allen a mediados de la década de 1960 cuando estaba en un puesto bajo en Rockwell International, en donde él estaba como consultor. El tuvo un gran impacto en mi pensamiento administrativo y en mi deseo de estar más comprometido con el proceso de planeación. Este libro clásico proporciona una cobertura completa de la planeación desde la perspectiva del directivo más que de la empresa como un todo. El capítulo ocho, "El plan de posición", es especialmente útil para aquellos directivos que necesitan definir sus propias responsabilidades como parte del trabajo de planeación completo.

Austin, L. Allan, y Dean G. Hall, *COmpetitive REsourcing: How to Use Decision Packages to Make the Best Use of Human and Financial Assets*, Nueva York, Amacom, 1989.
    He conocido a Allan Austin como un brillante pensador estratégico con una gran reputación internacional. Pocos consultores en el campo saben cómo enfrentar la competencia internacional como él lo hace. Este libro está dirigido especialmente a directivos de las industrias maduras (aquellas cuyo crecimiento en el mercado internacional ha bajado 10 por ciento anual). Allan y su coautor, Dean Hall, describen el proceso de Recursos Competitivos (CORE), lo cual requiere que los altos directivos identifiquen sus lagunas competitivas, establezcan estrategias para reducir tales lagunas y enumeren las necesidades de creatividad e innovación a todos los niveles de la institución o empresa para eliminar las lagunas.

Below, Patrick J., George L. Morrisey, y Betty L. Acomb, *The Executive Guide to Strategic Planning,* San Francisco, Jossey-Bass, 1987.
    Este libro ayudó a establecer las bases de las que derivaron los primeros dos libros de esta serie. Si bien he hecho varias modificaciones al proceso de planeación integral que se presentó en *The Executive Guide*, el libro aún representa un valioso enfoque al proceso de planeación estratégica.

Bryson, John M. *Strategic Planning for Public and Nonprofit Organizations:* A *Guide to Strengthening and Sustaining Organizational Achievement*, San Francisco, Jossey-Bass, 1988.
    Reconociendo que los principios y las técnicas de planeación estratégica son tan importantes en los sectores públicos y no lucrativos como en la América corporativa, John Bryson muestra cómo hacer que la planeación estratégica funcione para los administradores públicos, secretarios del gabinete, superintendentes y directores escolares, jefes de la policía, puestos gubernamentales de elección y de agencias públicas y comités directivos de organizaciones no lucrativas.

De Bono, Edward. *de Bono's Thinking Course*, Rev. ed. Reino Unido, MICA Management Resources, 1994.

Como dice de Bono en la "Nota del Autor" de su libro, "Pensar es el principal recurso humano. La calidad de nuestro futuro dependerá completamente de la calidad de nuestro pensamiento; esto se aplica a nivel personal, de comunidad y mundial". Puesto que el pensamiento estratégico es una parte básica del proceso de planeación presentado en esta serie, considero que no hay mejor fuente para aprender el proceso de pensamiento que una de las grandes autoridades del pensamiento cognoscitivo.

Goodwin, B. Terence. *Write on the Wall: A How-To Guide for Effective Planning in Groups,* Alexandria, Va., American Society for Training and Development (ASTD), 1994.

Puesto que soy un gran defensor del uso de un facilitador experimentado para el proceso de planeación, el título de este libro llamó mi atención en una conferencia nacional reciente de la ASTD. Es una de las guías más concisas y profundas que he visto para facilitar el proceso de planeación; la recomiendo para todos, el novato y el experimentado, que tienen a cargo la responsabilidad de dirigir un proceso de planeación en grupo.

Hamel, Gary, y Prahalad, C. K. *Competing for the Future: Breakthrough Strategies for Seizing Control of Your Industry and Creating the Markets of Tomorrow,* Boston, Harvard Business School Press, 1994.

Uno de los libros más interesantes y provocativos editados en años recientes sobre la preparación para ganar ventaja en el mercado del futuro; este libro es un llamado para los gerentes que aun consideran que lo que ha estado funcionando en el pasado seguirá dando los resultados deseados en el futuro. Uno de los cambios profundos que el autor visualiza tan necesario para aquellas compañías que esperan tener éxito en el futuro es enfocarse más en el desarrollo y mejora de las competencias centrales y menos en ganar inmediata participación en el mercado; es una lectura obligada para todos aquellos que esperan competir exitosamente en el futuro.

Mintzberg, Henry. *The Rise and Fall of Strategic Planning,* Nueva York, Free Press, 1994.

A pesar de que parece ser un manifiesto ataque a la planeación estratégica, es una recomendación de lo que es necesario hacer para mover a una institución o empresa hacia la consecución de sus metas futuras. Mintzberg critica muchas de las teorías y prácticas aceptadas de la planeación estratégica (es una interesante lectura sobre el tema). La sección final del libro, "Planeación, planes, planeadores", pasa de lo crítico a lo constructivo, describiendo, entre otros factores, los nuevos papeles de los planeadores como buscadores de estrategias, como analistas y como catalizadores. Su énfasis en el análisis doble y la intuición me ayudó a aclarar mis ideas sobre la diferencia entre pensamiento estratégico, planeación a largo plazo y planeación táctica.

Morrisey, George L. *Creating Your Future: Personal Strategic Planning for Professionals,* San Francisco, Berrett-Koehler, 1992.
Este libro muestra como aplicar los principios y técnicas de la planeación estratégica a su propio desarrollo profesional, vida personal, desarrollo comercial y planeación financiera.

Morrisey, George L. *Management by Objectives and Results in the Public Sector and Management by Objectives and Results for Business and Industry,* Reading, Mass., Addisson-Wesley, 1976, 1977.
Estos dos libros proporcionan un enfoque práctico para hacer funcional el proceso MOR para administradores del gobierno a y las empresas, respectivamente.

Morrisey, George L., Patrick J. Below, y Betty L. Acomb, *The Executive Guide to Operational Planning,* San Francisco, Jossey-Bass, 1987.
Este libro, junto con mis dos primeros sobre Administración por objetivos y resultados, proporcionan la base para el tercer libro de esta serie, *A Guide to Tactical Planning.*

Odiorne, George S. *Management by Objectives: A System of Managerial Leadership,* Nueva York, Pitman, 1965.
George Odiorne fue mi colega, mentor y amigo hasta que falleció hace algunos años. Este libro fue uno de los que dio a conocer la Administración por objetivos y contribuyó a hacer de este concepto una de las más durables "etiquetas" administrativas de todos los tiempos.

Odiorne, George S. *Strategic Management of Human Resources: A Portfolio Approach,* San Francisco, Jossey-Bass, 1984.
Este libro es especialmente útil para aquellos que requieran analizar los recursos humanos en el proceso de planeación estratégica. George muestra cómo aplicar el análisis de cartera a la administración de recursos humanos y ofrece enfoques prácticos para administrar y capitalizar a los empleados de alto rendimiento.

Porter, Michael E. *Competitive Strategy: Techniques for Analyzing Industries and Competitors* y *Competitive Advantage: Creating and Sustaining Superior Performance,* Nueva York, Free Press, 1980, 1985.
Estos dos notables libros proporcionan valiosa información acerca de los enfoques y técnicas del análisis competitivo. Son especialmente útiles para analistas de mercado que requieren recabar los datos necesarios para realizar el análisis de un segmento del mercado en industrias altamente competitivas.

Ramsey, Jackson E., e Inez L. Ramsey, *Budgeting Basics: How to Survive the Budgeting Crisis,* Nueva York, Franklin Watts, 1985.

Buscando en las bibliotecas, me encontré con pocos libros que abordaban los presupuestos en otra forma que "contablemente"; este libro es una clara excepción. Toma un tema potencialmente árido y lo hace claro, accesible y en términos no financieros. Los autores usan un mismo caso de estudio que es divertido de seguir. El capítulo "Presupuesto de nuevos departamentos" es especialmente útil; proporciona un buen método de principio a fin, incluyendo cómo hacer estimados de la carga de trabajo, habilidades en los recursos humanos, costos de materiales y de operación. El libro contiene todo lo que un gerente no financiero necesita saber, y hasta algo más, acerca de lo que se presentará en la preparación de los presupuestos.

Redding, John C., y Ralph F. Catalanello, *Strategic Readiness: The Making of the Learning Organization*, San Francisco, Jossey-Bass, 1994.

Este libro amplía el concepto de aprendizaje de la institución o empresa expuesto en *The Fifth Discipline* de Peter Senge (New York: Doubleday, 1990). Su principal enfoque no es en el aprendizaje individual ni el aprendizaje en equipo, sino en el proceso de toda la empresa a través del cual se planean, implantan y modifican las direcciones estratégicas; va más allá de las descripciones abstractas del aprendizaje en las organizaciones y ofrece numerosos ejemplos de dicho aprendizaje en acción.

Ruskin, Arnold M., y W. Eugene Estes, *What Every Engineer Should Know About Project Management,* 2da. ed., Nueva York, Marcel Dekker, 1995.

La administración de proyectos es una forma muy precisa de la planeación táctica, sin la cual no pueden vivir la mayoría de los ingenieros. Arnie Ruskin ha sido mi amigo y colega de muchos años; él y su coautor Eugene Estes han escrito uno de los libros más prácticos que he visto sobre el tema. Los capítulos sobre "Técnicas de control" y "Administración de riesgos" son especialmente útiles para ingenieros y administradores cuya supervivencia puede depender de la estimación y control de los costos.

Steiner, George A. *Strategic Planning: What Every Manager Must Know*, Nueva York, Free Press, 1979.

La contribución de George Steiner a la estrategia y planeación de largo plazo es legendaria. Este libro provee una aproximación para comprender la planeación estratégica, incluyendo una extensa variedad de técnicas de análisis. Es especialmente útil para el proceso de planeación estratégica sin entenderlo a profundidad.

Tomasko, Robert M. *Rethinking the Corporation: The Architecture of Change,* Nueva York, Amacom, 1993.

Esta es una reconfortante mirada al proceso de mover una institución o empresa de donde se encuentra ahora a donde necesita estar, usando la lógica de la arquitectura. El sentido de dirección de Tomasko para la nueva corporación es: "será un negocio con pocas paredes; su estructura minimizará las barreras entre el personal en general y el de línea, entre las funciones y las divisiones, y entre la compañía y el mundo exterior".

Treacy, Michael, y Fred Wiersema, *The Discipline of Market Leaders: Choose Your Customers, Narrow Your Focus, Dominate Your Market,* Readings, Mass., Addison-Wesley, 1995.

La palabra *enfoque* es una de las más importantes en el vocabulario de la planeación. El autor ha identificado tres diferentes disciplinas de valor: *excelencia operativa, liderazgo del producto e intimidad con el cliente.* Su posición, apoyada con ejemplos del mundo real, es que las compañías que son verdaderos líderes del mercado seleccionan una de estas disciplinas para asegurar su posición en el mercado, aun cuando puedan seguir practicando las otras disciplinas. La comprensión de estas tres disciplinas y cómo operan es un paso importante para la formulación de la estrategia corporativa.

Tregoe, Benjamin B., y John W. Zimmerman, *Top Management Strategy: What It Is and How to Make It Work,* Nueva York, Simon & Schuster, 1980; y Benjamin B. Tregoe, John W. Zimmerman, Ronald A. Smith, y Peter M. Tobia, *Vision in Action: Putting a Winning Strategy to Work,* Nueva York, Simon & Schuster, 1989.

El primero de estos dos libros introdujo el concepto de *fuerza motriz* como una herramienta poderosa para determinar la dirección de la estrategia; ello tuvo gran influencia en la interpretación de estrategia que dimos mis coautores y yo en nuestro libro *The Executive Guide to Strategic Planning.* El segundo libro describe cómo el equipo de Kepner-Tregoe ha ampliado y aplicado su enfoque de estrategia en varias reconocidas organizaciones, e incluye la percepción de varios gerentes dentro de dichas organizaciones.

Weiss, Alan. *Making It Work: Turning Strategy Into Action Throughout Your Organization,* Nueva York, HarperCollins, 1990.

Este libro se enfoca en la aplicación. La premisa de Alan es que las fallas en las estrategias no son por lo general el resultado de una mala concepción de éstas, sino de su mala aplicación. En una forma entretenida propone algunas técnicas útiles para traducir el pensamiento estratégico y la planeación a largo plazo a las acciones del mundo real.

Índice

Prentice-Hall Hispanoamericana, S.A.
División Computación / Negocios
Enrique Jacob No. 20
Col. El Conde Naucalpan de Juárez
Edo. de México   C.P. 53500
MEXICO

le ofrece:

✔ Administración
✔ Computación
✔ Contabilidad
✔ Divulgación Científica
✔ Economía

✔ Electrónica
✔ Ingeniería
✔ Mercadotecnia
✔ Negocios
✔ Nueva Tecnología
✔ Textos Universitarios

---

publicando
las realidades del mañana

 A Simon & Schuster Company

Gracias por su interés en este libro.

Quisiéramos conocer más a nuestros lectores. Por favor complete y envíe por correo o fax esta tarjeta.

Título del libro/autor: _____
Adquirida en: _____
Comentarios: _____

❑ Por favor envíenme su catálogo de libros de negocios, estoy interesado en libros de las áreas:

❑ Ventas/Mercadotecnia   ❑ Productividad/Calidad
❑ Finanzas/Contabilidad   ❑ Recursos Humanos
❑ Administración   ❑ Gerencia
❑ Economía   ❑ Interés General

Mi nombre: _____
Mi compañía: _____
Puesto: _____
Domicilio casa: _____
Domicilio compañía: _____

Tenemos descuentos especiales para compras corporativas e institucionales.

Para mayor información de nuestros títulos llame al (525) 358-840
Por favor, llene esta tarjeta y envíela por correo o fax: (525) 357-0404,   COMPUSERVE 74777,6
Página web http://www.prentice.com.m